“Şerefsiz Osmanlı”ya Dönüş

Osman Çutsay

Yazılama Yayınevi: 9
Türkiye Yazıları Dizisi: 2

"Şerefsiz Osmanlı"ya Dönüş

Osman Çutsay

Kapak Tasarımı
Gökçe Erbil

Birinci Baskı
Mart 2008

ISBN
978-605-0036-08-4

Baskı
Kayhan Matbaacılık
Güven San. Sitesi C Blok No: 244
Topkapı - İSTANBUL (0212 576 01 46 / 0212 612 31 85)

İrtibat
Yazılama Yayınevi Hizmetleri Ltd. Şti.
Osman Ağa Mah. Kırtasiyeci Sok. Banu Han.
No:22/2
Kadıköy – İSTANBUL

0 216 338 52 59
www.yazilama.com
yazilama@yazilama.com

"Şerefsiz Osmanlı"ya Dönüş

Osman Çutsay

yazılama

İçindekiler

Önsöz

Bu, aslında, daha genel ve uzun soluklu bir yazımın ilk adımı. Bir "dönüşün", daha doğrusu "bitirilişin" uzaktan, ama teleobjektifle yakalanmış "yakın plan" çekimlerinden oluşuyor. Açıkça yazmakta yarar var: Türkiye, bitiriliyor. İşte bu kitap da, bu sürece, yani günümüzdeki Türkiye'nin çözülme semptomlarına Avrupa'nın mali başkentinden, bir iktisat gazetecisinin tanıklığını içeriyor. Temelini, *Cumhuriyet* gazetesinin haftalık olarak Avrupa'da yayımladığı *Cumhuriyet Hafta*'daki köşe yazıları oluşturuyor. 2000 yılından itibaren ve Frankfurt'tan, çözülen Türkiye'nin hangi yollara itildiğini veya bizzat girdiğini ve nerelerde ne gibi tıkanmalar yaşadığını değerlendirmeye çalıştım. Dünya sistemi içinde 1970'lerin ilk yarısından beri açıkça ülkemizin "tüm sorumluluğunu üstlenmiş" Almanya ile onun arka bahçesinde debelenen Türkiye'nin ilişkilerinden sonuçlar çıkardım. Sürekli olarak, Avrupa Almanyası ile Türkiye'yi ilişkilendirdim. Bu kitaptaki son yazı, 11 Eylül 2001 gecesinde kaleme alındı ve o yazıyla da kapanıyor.

Demek, cumhuriyet rejimi bitirilirken, cumhuriyetle neredeyse yaşıt ve adını ondan almış bir gazetenin Avrupa bürosundan cüretli gözlemler yapmayı seçmişim. Ama bugün baktığımda çok daha rahat görüyorum: Yazılar, gözlemin çok ötesinde, somut bir öneriler demetini de içeriyor ve bunların toplamına ancak sosyalizm adı yakışıyor. Çözülen veya bitirilen Türkiye Cumhuriyeti'ni ayakta tutmanın sosyalist bir yöneliş dışında, hiçbir yolu yordamı bulunmuyor. Bu sonu hazırlayanlar, elbette dinciler, milliyetçiler ve liberallerdir: Türkiye'nin egemenleri, bir başka ifadeyle "çözülüşü hazırlayan büyük koalisyon", son 30 yılda binlerce devrimciyi karanlık zindanlarda, ömrün kuytu köşelerinde ve Türkiye dışındaki acı sürgünlerde imha ederken, belki kendine pembe bir gelecek hazırladığını sanıyordu. Ama ortadan kaldırdığı, Türkiye'ydi. Türkiye'nin aklını, Türkiye'nin yüreğini ve Türkiye'nin belkemiğini paramparça etmeyi başardılar. Artık sosyalizm dışında hiçbir şey, bu ülkeyi batmaktan kurtaramaz.

Türkiye'nin ipi çekileli gerçekten de çok oluyor. Dışarıda, emperyalist merkezler nezdinde zaten bir haklılığı bulunmuyordu. 1923 Projesi, hiç kabul görmedi. 1917 şoku nedeniyle tahammül gösterdiler. Beklemek zorunda kaldılar. Türkiye aydınlanması, tarihin böyle bir bekleme odasında doğdu ve belli kazanımlar gerçekleştirebildi.

Biz o ipin içerideki nihai çekiliş tarihini 12 Eylül 1980 olarak nişanlayabiliriz.

Fakat, bugün artık "inkıtaları" yaşıyoruz. Uzatmalarla birlikte, bu oyun her an bitebilir.

Aslında, AKP, sadece mantıki bir sonucun etiketidir: Bugünkü Türkiye, Birinci Dünya Savaşı sonundaki Osmanlı'dır. Dinci, milliyetçi veya liberal gericiliğin, bunların hepsinin teker teker veya hep birlikte böyle bir sonuçtan çok da fazla rahatsız olacağını düşünemeyiz. Vahdettin-Damat Ferit çizgisi ile Abdullah Gül-Recep Tayyip Erdoğan çizgisi arasındaki tarihsel devamlılığı nasıl görmezlikten gelebiliriz? Ya bu çizginin "demokrasi" denilen çağdaş kapitalizmin tanrısı tanımsız bir ideolojik cendere sayesinde realize edildiğini?

Bu tür analojiler elbette tarihin izin verdiği ölçüde yapılır ve her zaman da bir sapma içerir. Muhtemel hata paylarına rağmen çok da tuhaf karşılanmamalıdırlar. Sorabiliriz: Abdullah Gül veya Recep Tayyip Erdoğan, Osmanlı'dan, acaba "soysuzlaşmış, aşağılık, hain, alçakça yollar arayan gaspçı hanedan" gibi sıfatlar kullanarak söz edebilir mi?

Devlet adamı ciddiyetini falan bir yana bırakalım, kimse kimseyi aldatmasın, Türkiye Cumhuriyeti'nin ilk devlet başkanında bu ciddiyet yok muydu? Abdullah Gül'ün bugün oturduğu makamın ilk sahibi Mustafa Kemal'di ve Osmanlı hanedanından aşağılayarak söz ettiğini biliyoruz. Kendi sözlerimizle özetlersek, "Şerefsiz Osmanlı'nın neden ve nasıl yıkıldığını" anlatır. Bugün Türkiye'nin kaderini ellerinde tutan iki politikacı, Abdullah Gül ve Recep Tayyip Erdoğan, o yıkılan devlete ağlayarak ve yeniden kurulması için yollar arayarak büyümüş veya büyütülmüştür. Osmanlı'nın, yani halkını ve yurdunu satarak kendini kurtaracağına inanan "soysuzlaşmış" bir hanedanın haklılığını savunan dinci bir siyaset çemberinde sosyalize oldular. Öyle yetiştirildiler. O nedenle Osmanlı'ya dair ağızlarından hiçbir "yamuk" söz alamazsınız.

Bu, onların sorunudur.

Devrimciler, yüreğiyle de düşünmesini bilen insanlardır. Tarihimizdeki döküntüleri hak ettikleri sıfatlarla nitelememiz normal karşılanmalıdır.

Korku, şudur: Böyle bir tutum, bizi halktan uzaklaştırabilir. Öyle mi?

Halkçılığın böyle algılanması, gerçekten de geçmişteki değerlere gereğinden fazla bir saygıyla, hatta tapınırcasına yaklaşmayı kolaylaştıracaktır. Türkiye'yi kurtaracak ve yeniden kuracak olan genç kuşak devrimcilerin, bu tür tuzaklara düşmeyecek kadar yüklü bir entelektüel dinamizmin çocukları olduğunu söylemek yeterli.

Bugünden hareketle geçmişe ve ondan da bugüne çizgiler çekiyoruz. Tarihi böyle okumak, geçmişteki yükselişlerin aynen yeniden yaşanması gerekmediğini söylemekle aynı anlama geliyor. Türkiye aydınlanması, kazanımlarımız, 1920'lere veya 1930'lara dönerek Türkiye'yi aydınlığa çıkaracağını sananlara en fazla bir Kenan Evren olma şansını tanıyor. Dolayısıyla, çağın gerektirdiği ileri bir sosyalizm hedefi olmaksızın, geçmişimizdeki kazanımlara doğru bir biçimde yaklaşamayız.

Ama geçmişteki kazanımlarımıza küfrederek yaklaşmak bizim işimiz hiç değildir.

Sonuçta birçok çevreyle, şeriatçısından milliyetçisine, AB'cisinden Amerikan yardakçısına, her türden liberalle bizi temelden ayıran bir şey var: Bizim için Türkiye, tarihsel bir "anomali" değildir. Türkiye'ye hangi nedenle olursa olsun, bir gereksizlik, bir sapma olarak bakanların, sonunda ortak bir payda üzerinde buluştuğunu söylemekle yetinebiliriz.

Dinsel ve milliyetçi ya da "Batı demokrasisi" ölçütüne vurularak yapılan değerlendirmelerden, Türkiye'nin sağlam çıkacağını kimse düşünmesin. Olmaz. Türkiye bu bakışa göre yanlış ve doğmaması gereken bir çocuktur. Bu konuda, ona dünyanın ilk sosyalist ve enternasyonalist işçi devleti dışında kimse yaşama hakkı tanımadı. 1917 Ekim Devrimi olmasaydı ve Sovyetler Birliği yaşatılamasaydı, Türkiye'nin 85'inci yılını görmesi pek mümkün olmazdı.

Tabii bundan çıkarılabilecek birçok sonuç var: Türkiye siyasetinde acımasızca saldırılan SSCB'nin, tarihi boyunca Türkiye'nin tarihsel haklılığını savunduğunu görüyoruz. Bu nedenle, bugünkü Venezuela'da Chavez'in önünü açtığını düşünebileceğimiz bir Doğan Avcıoğlu-İlhan Selçuk çizgisinin, soldan gelerek Türkiye aydınlanmasından bir sol haklılık çıkarmaya çalışan böyle bir devrimci heyecanın, SSCB dostluğuna büyük önem verdiğini ve ilk sosyalist devletin iç acılarına büyük bir değerbilirlikle yaklaştığını saptamak zorundayız. Her zaman çok dikkatli oldular ve "devrimin gülsuyuyla yapılamayacağına" çok sık dikkat çektiler. Batı, İlhan Selçuk'un sözleriyle, Türkiye'yi hiç istemedi, ama biz yine de kurduk. Şimdi ya daha ileriye taşıyacağız ya da biteceğiz. Etnik milliyetçilikle cilveleşen bir islamcılığın elinde kıvranan ve ithalatçı tüccarların da mafya ile ortaklaşa denetleyeceği küçük bir ülke olarak devamı, Türkiye'nin kendi varlığını bizzat inkardan başka bir anlama gelmemektedir.

Dinciliği, milliyetçiliği ve Batı demokrasisi denilen emperyalist demokrasiyi temel alanlar için Türkiye her zaman sakat ve gereksizdi. Türkiye, doğumundan itibaren yanlıştı. Doğmaması gerekiyordu.

Türkiye'nin sadece sosyalistleri bu çizginin dışındadır. Onlar için Türkiye aydınlanması büyük bir kurtuluş mücadelesinin ilk adımlarını imliyordu ve sosyalizmle birlikte asıl mecrasına kavuşacaktı. Eksik, sakat veya değersiz değildi. Ama dönülecek bir "asr-ı saadet"i de simgelemiyordu.

21'inci yüzyılın başında, bu büyüklükte bir Türkiye, varolma hakkını, Batı nezdinde, özellikle 1917 Ekim Devrimi'nin tasfiyesi ile birlikte tümüyle yitirdi. Eğer 1917 bütün sonuçlarıyla tasfiye edilmişse, Türkiye'nin de eninde sonunda tasfiyesi gerçekleşecektir. Bu sondan kaçınmanın tek yolu ileriye doğru bir huruç harekatından geçiyor. Biz buna "sosyalist bir Türkiye inadı" adını da verebiliriz. Bu inat başarısız kalırsa, yakın bir gelecekte tüccar ve AB'nin kapısından içeriye lütfen ve kırpılarak alınan bir Türkiye parçasıyla karşı karşıya kalacağız. İslamcı-faşist bir mafyanın elinde etnik bir parça olarak yoluna devam edecek böyle bir Türkiye, AB'nin ABD ile doğrudan sınır komşusu olmasını da sağlayacaktır.

İş, gerçekten zor.

Ama tarih fazlasıyla sıkıştırılmış bulunuyor. Bir çıkış yolu bulacağımız kesindir.

Günümüzü adım adım izleyen, yorumlayan, irdeleyen bir inadın örnekleridir bu kitaptaki yazılar. Bugün inadı olmayanın geçmişle de sorunu olamaz. Ama devrimci, geçmişle değil, bugünle sorunu olan insandır. Bugünü değiştirmek ve geleceği kendi tahayyülü doğrultusunda belirleme ısrarı vardır. Geçmişe bugünden bakar. Geçmişten bakarak bugünü yargılamaz. Tersini yapar. Abdullah Gül, Recep Tayyip Erdoğan, Mümtaz Türköne, Mustafa Armağan, Murat Belge, Baskın Oran, hatta Mete Tunçay... Bunların, Türk gericiliğinin, "Osmanlı ruhu bizde yaşamaya devam ediyor" diyen Mustafa Armağan'ın sözleriyle, ortak şiarı, şudur: "Önemli olan, bizi geçmişe değil, bugünün kördüğümlerinin üzerine, geleceğin ufuklarına itecek bir tarih okumak ve okutmak." Bu zihniyet, kısa veya orta vadede, bugünkü Türkiye'den 1918-19'daki "Vahdettin-Damat Ferit Osmanlısı"nı çıkarmaya yeminlidir.

Hasım, böyle.

* * *

Zor bir işe girdim. Bu işin başlarında, her zaman şükran borçlu olduğum bir ismi özellikle vurgulamam gerekiyor: Birinde hâlâ debelendiğim ve yalpaladığım, birinde gerçekten çok rahat hareket ettiğim, birinde de bazen haddimi aşıp cambazlıklara cüret ettiğim üç dilin kapısını bizzat açtı. 1960'lardaki büyük yükselişin özgürleştirdiği genç insanlardandır. Kitabı ve düşünceyi hayatımın merkezine onun yönlendirmesiyle aldım. Üzerimdeki emeği çok büyüktür. İnsanın, ülkesine ve halkına sadık, sevdiklerine karşı sorumlu, her zaman ilkeli, dürüst olması ve kendisini daima bütün bir insanlığı ileriye taşıma inadıyla tanımlaması gerektiğini, bunu da öncelikle kendi yaratıcı emeğine güvenerek yapabileceğini söyledi. Hep bu doğrultuda, kendini sürekli geliştirerek yaşadı. Örnektir ve büyük şanslarımdan biridir. İnsanın tükenmeyeceğini, yaratıcı bir enerji ve direnç kaynağı olduğunu bana defalarca kanıtlayan ablam Sema Çutsay'a bu dizi ile şükranlarımı ifade etmek isterim.

Şükranlarımızı ifade etmek kolay.

Peki, borçlarımızı nasıl ödeyeceğiz?

Tek yolumuz var: Bizler, bütün borçlarını sosyalizm ile ödemeyi yaşam biçimi saymış bir kuşağın çocuklarıyız.

Oraya yürüyoruz.

28 Şubat 2008, Frankfurt/Main

"Türkiye: Bizi taşımaz, biz onu taşırız!"

Sanıldığından çok daha köklü bir bakış farklılığı bu. Hep vurguluyoruz: Tarihi çözümlemek ve anlamak, ancak bugünü çözümleyip anlayabilirsek mümkündür. Yani öncelik, şimdiki zamandadır ve böyle bakmak, son derece siyasi bir müdahaledir. Georg Lukacs'ın bir saptamasından hareketle yineleyebiliriz: Geçmişin üzerindeki örtüyü, ancak şimdiki zamanın, daha doğrusu, yaşadığımız zamanın üzerindeki örtüyü kaldırırsak, kaldırabiliriz.

Bu, o kadar basit değil; geçerken laf olsun diye ifade edilmiş bir tez hiç değil. Aslolan, bugündür ve güncelliğe bu vurgu, tersinden bakıldığında, tarihin kendi başına geri bir şey ve tarihçiliğin gerici bir meslek olduğunu kabul etmek anlamına geliyor: Bugünü geçmişle açıklayamayız ve geçmişi de ancak "bugün" yardımıyla anlayabiliriz.

Neden?

Çünkü, "bugün" dediğimiz kategori, hem son derece somut, hem de tarihselliği olan bir kurgudur. Bu, alışılmış ritmi, tersinden almak anlamına geliyor.

Başka türlü de söylenebilir: 1918 sonrasında, çürümüş ve ölmeye yatmış Osmanlı, bugünkü büyük çözülüşümüzü açıklayamaz, ama bugünkü çürüme, yani muhtemelen nihai bir iç savaşla bitirilme hesapları yapılan Türkiye, Osmanlı'ya bakışımızı ve tarihi çözümlememizi kolaylaştırabilir. Sonuçta, geçmiş, bugünü içermez, ama bugün mutlaka geçmişi içerir. Birincisi (geçmiş), ikincisini (bugün) içermez, hatta dışlar. Ama ikinci kurgu (bugün) geçmişi mutlaka içerir ve zaten o olduğu için vardır. Hele hele marksist iddia taşıyan akıllarda: Malum, tarihsellik, bu öğretinin giriş kapısıdır ve tarihsellik, esas olarak, bütün somutluğuyla bugünden geriye doğru işler. Başka türlü de ifade edebiliriz: Tarihsellik, geriye doğru yürütülmüş bir çözümleyici akıl kategorisidir. 1918'den bakarak 2008'i anlayamayız gerçekten de, ama 2008'den bakarak 1918'i ve ondan hareketle de 2008'e giden yolu açıklayabiliriz. Dediğimiz gibi: Bugün, geçmiş veya dün ile karşılaştırıldığında, öncelikli olandır. "Şerefsiz Osmanlı'ya Dönüş" bu nedenle mümkündür.

Tabii, bağlamak istediğimiz bir yer var: Mustafa Kemal Paşa ve mücadele arkadaşlarının Osmanlı'ya bakışı, önemlidir elbette, fakat tek çıkış noktamız da olamaz. Çünkü arada Türkiye Cumhuriyeti'nin canına kast etmiş, bugünkü çözülüşü hazırlayan bir "kemalistler" kadrosu da var: 12 Martçılar ile 12 Eylülcüler ve onların her türden mirasçıları, yarattıkları yeni kuşaklar sayesinde Türkiye'yi bitiren kadrolardır; yaşıyoruz. Bunların durumu, biraz da Gorbaçov'u andırıyor. Nimetleriyle donandıkları, hatta şiştikleri bu ülkenin birdenbire bir "anomali" olduğunu düşünmeye başladılar ve bu "müthiş teşhisi" demokrasi sayesinde kazandılar; tabii hemen ardından da en kolay çözümlere yöneldiler. Bu, sonuçta, emperyalizme tam boy teslim olmak anlamına geliyordu. Yani, bu kadrolarla Osmanlı'nın 1918-1919'daki "tarihsel şerefsizliğine yeniden itildiğimizi" daha rahat anlayabiliriz.

Belki, uzunca bir gerekçe oldu. Ama şunu söyleyebilmek içindi: Türkiye'nin kurucu felsefesini temsil eden Mustafa Kemal'in 1927'de halka sunduğu "Nutuk", bugünden hareketle daha iyi değerlendirilebilir; yine de bu kurucu felsefenin, 2008'deki büyük çözülmeyi açıklaması mümkün değil. [1]

"Nutuk", şu nedenle de önemli: Osmanlı'ya bakışları ne olursa olsun,

[1] Geçerken ve şimdilik kaydıyla belirtmiş olalım: Maksimalizm-minimalizm tartışmalarının, sosyalizmi dışla-yan ve Türkiye'nin bir "anomali" olduğundan hareketle yeni hareket alanı arayan, Osmanlıcı, faşist veya liberal gericiliğin eline oynadığını görmezlikten gelemiyoruz.

Türkiye'nin kuruluşundaki genç ve özellikle 1920'ler ile 1930'lardaki Arap dünyasının devrimci, modernist çevrelerine ışık taşıyan kemalist kadroların[2], elbette bugün için artık "kurucu" bir işlevleri yoktur. Ama bugünün devrimcileri, Metin Çulhaoğlu'nun dâhice bir saptamasından ("Aydınlanma, bizi taşımaz, biz onu taşırız") hareketle, bu kuruculara ve en büyük eserleri olan Türkiye'ye şöyle yaklaşmak zorundadır: "Türkiye, bizi taşımaz, biz onu taşırız."

Neyi taşıdığımızı bilmek için ve kesinlikle sadece güncel konumumuzdan yola çıkarak, tarih parçalarına başvurabiliyoruz. Bu ülkenin artık kendisini taşıyamayacağını bilen devrimci, bu nedenle ülkeye küsemeyeceğini bilecek kadar da sorumlu bir inattır. Devrimcinin tanımı gereği, bu, böyledir. "Şahsın naturası" da denebilir. Yani Türkiye, devrimci çocuklarını kusup yok olabilir, ama tersi mümkün değildir. Devrimci, her şartta ülkesine sahip çıkan insandır. Tabii, şu, mümkündür: Devrimciler, Türkiye'yi taşıyarak, daha doğrusu onu sosyalist bir doğrultuda dönüştürerek, somut nesnelliğimize müdahale edebilirler. Başka şansları, yani ülkelerini kusma gibi bir kolaycı yolları, yoktur. Ancak, müdahaleleri Türkiye'yi yeni ortaklıklarla büyütecektir.

Bu kadar şeyi, "Nutuk"un elbette öyle her derde deva bir reçete sayılamayacağını, ama kurtuluş tarihimizde çok ciddi bir hesaplaşma olduğunu vurgulamak için yazdık. Mustafa Kemal'in Osmanlı'ya bakışı, ki daha Harp Akademisi'ndeki öğrenciliğinde Osmanlı'dan yüz çevirdiği[3], büyük sol yükselişimizin ilk on yılındaki enerjinin etkisiy-

---

[2] 2000 yılında Frankfurt Barış Ödülü'ne layık görülen Assia Djebar, Almanların "Literaturen" adlı yaygın edebiyat dergi-sine yaptığı açıklamalarda, yetişmesinde "bir Mustafa Kemal hayranı olan babasının büyük rolüne" dikkat çekmişti. Kadın özgürlüğü hareketinin de önde gelen isimlerinden yazar Djebar'ın haber haline getirdiğim bu açıklaması, Cumhuri-yet'in birinci sayfasında kullanıldı. ("Babam Atatürk hayra-nıydı", Cumhuriyet, 29.10.2000) Gerçi, Cezayirli ve Fransız-ca yazan Djebar'ın, günümüz Türkiye'sindeki gelişmeleri doğru anladığı kanısında değilim. Ama feminizminde, bu aydınlanmacı geçmişin payı olmadığını düşünecek hiç değilim.

[3] Muammer Tuksavul, Eine bittere Freundschaft, Econ Verlag, Düsseldorf und Wien 1985, s. 336.

le, 1960'lardaki sohbetlerde de bol bol anlatılır olmuştu, her zaman önemlidir. 1927 yılında, cumhuriyet rejimi yerleşme belirtileri gösterirken yayımlanan bu hesaplaşmada, Nutuk, Osmanlı'ya hiç de iyi bakılmamaktadır:

"Büyük Savaş'ın uzun yılları boyunca, ulus yorgun ve yoksul durumda. Ulusu ve yurdu (bu) Genel Savaşa sürükleyenler, kendi başlarının kaygısına düşerek, ülkeden kaçmışlar. Padişahlık ve Halifelik orununda bulunan Vahdettin, soysuzlaşmış, yalnız kendisini ve tahtını güvenceye bağlayabilmek düşü arkasında, alçakça yollar araştırmakta. Damat Ferit Paşa'nın başkanlığındaki hükümet, güçsüz, onursuz, korkak, yalnız Padişah'ın isteklerine uymuş ve onunla birlikte kendilerini koruyabilecek herhangi bir duruma boyun eğmiş."[4]

Mustafa Kemal, Osmanlı'nın çözülmesinde yönetici katmanların rolünü vurgularken, aslında yeni rejimin meşruiyetini kurmaktadır:

"Düşman devletler Osmanlı Devleti'ne ve ülkesine nesnel ve tinsel (maddî-manevî) yönden saldırmışlar; onu yok etmeye ve paylaşmaya karar vermişler. Padişah ve Halife olan kişi, yaşam ve rahatını kurtarabilecek çare aramaktan başka şey düşünmüyor. Hükümeti de aynı durumda. Farkında olmadığı halde başsız kalmış olan Ulus, karanlık ve belirsizlik içinde, olup bitecekleri bekliyor. (...) Ulus ve ordu, Padişah ve Halife'nin hayınlığından haberi olmadığı gibi, o makama ve o makamda bulunana karşı yüzyılların kökleştirdiği din ve gelenek bağlarıyla içten bağlı ve uysal. Ulus ve ordu, kurtuluş yolu düşünürken, kuşaktan kuşağa geçen bu alışkanlık dolayısıyla, kendinden önce yüce Halifeliğin ve Padişahlığın kurtuluşunu ve dokunulmazlığını düşünüyor. Halife'siz ve Padişah'sız kurtuluşun anlamını kavramaya yetenekli değil... Bu inanca aykırı görüş ve düşüncelerini açığa vuracakların vay haline! Hemen dinsiz, vatansız, hayın sayılır, istenmez."[5]

[4] Söylev (Nutuk), Haz.: Ord. Prof. Dr. Hıfzı Veldet Velidedeoğlu, Cumhuriyet, İstanbul (tarihsiz), s. 35.

[5] a.g.e., s. 41-42.

Çözülüş ve bu çözülüşün sorumluları çok açıktır:

"Gerçekte, içinde bulunduğumuz o günlerde, Osmanlı Devleti'nin temelleri çökmüş, ömrü tükenmişti. Osmanlı ülkesi bütün bütüne parçalanmıştı. Ortada bir avuç Türkün barındığı bir ata yurdu kalmıştı. Son olarak bunun da paylaşılmasını gerçekleştirmek için uğraşılmaktaydı. Padişah, Halife, hükümet, bunların hepsi, içeriğini yitirmiş birtakım anlamsız sözlerdi. (...) Osmanlı Hükümetine, Osmanlı Padişahına ve Müslümanların Halifesine başkaldırmak ve bütün ulusu ve orduyu ayaklandırmak gerekiyordu."[6]

Başkaldırıyı örgütlemek, bir ulusu ve orduyu "Osmanlı Padişahı"na karşı ayaklandırmak isteyen, bunu da "gerekiyordu" sözcüğüyle özetleyen bir kurtuluşçunun, 90 yıl sonraki Türkiye'nin genç devrimcilerinde somut bir parça olarak yaşamadığını kim söyleyebilir? Her şey ortada: Aydınlanmacı Türkiye'nin kurucu babalarını temsil eden ve Türkiye solunun neredeyse bir asır sonra artık herhangi bir husumetle yaklaşmasına gerek olmayan Mustafa Kemal için, Osmanlı çürümüş, soysuzlaşmış, bitirilmeyi hak eden ve bekleyen bir çöplüktür. Padişah, halife, hükümet, 1919'un devrimci ortamında "içeriğini yitirmiş" anlamsız sözler halindedir. Kemal Paşa, Nutuk'un ilerleyen bölümlerinde İstanbul'dan kaçan Vahdettin ve diğer hanedan mensupları için çok daha ağır bir dil kullanacaktır.

Burada Osmanlı'nın sadece bittiği değil, asıl önemlisi, bitirilmesi gerektiği, işin başından beri bir irade olarak beyan edilmiştir; yinelemekte yarar var: "Osmanlı Hükümetine, Osmanlı Padişahına ve Müslümanların Halifesine başkaldırmak ve bütün ulusu ve orduyu ayaklandırmak gerekiyordu." İyi.

1927 yılındaki bu saptama, gerçekten son derece cüretlidir. Bir özgüvenden çok, bir risk alma hırsına karşılık geliyor. "Devriminin" geleceğinden emin, yani iktidarını kabul ettirdiğini bilen, ama halkın kendisine yönelik desteğini de test etmeyi unutmayan, aydınlanma

[6] a.g.e, s. 43-44.

iddialı bir burjuva ihtilalcisinin, hırslı bir siyaset adamının bilançosudur önümüzdeki. Peki, bu başkaldırma ve ayaklandırma vurgusu, 1960'lardaki büyük yükselişe nasıl yansıdı? Sadece sokağa ve egemen çizgiye bakmayalım. Türkiye solunun 1960'larda başlayan yükselişi, bu olumlu vurgunun egemenliğini de bir biçimde içinde taşımıştır kuşkusuz. Ama o yükselişin içinde tam tersi akışlar da vardı.

Aslında, Osmanlı'nın yere göğe konulamaması, son 50 yılın devrimci mücadelesinde ciddi bir açık oldu. Türk gericiliğinin galiba sola ödünç verdiği, bir başka deyişle, Türk gericiliğinin solumuzun içine Murat Belge ve dostları öncesinde sokuşturabildiği en etkili mikroplardan Kemal Tahir'in tek derdinin Türk aydınlanması ve aydınlanmacıları olduğunu biliyoruz. Hep Osmanlı'ya hasretle el sallayan, ama tuhaf bir biçimde de, nedense acılı Türk solu içinde konuk edilen, daha doğrusu el bebek gül bebek büyütülen bu insanların, 21'inci yüzyılın başına damgasını vuran AKP-AsParti koalisyonunu "aydın muhalefetleriyle" destekleyen torunları ise artık herkesin malumudur. Örneğin, bu tür eğilimlere karşı haklı tepkisini dillendirirken, nedense bazen mücadele tarihimizin kaldıramayacağı kadar gereksiz bir nezaketle yazan Prof. Dr. Oya Köymen için, ortada daha o zamanlarda bile hissedilen ciddi bir sıkıntı vardır:

"Kemal Tahir, Osmanlı'yı güçlü merkezi devlet ve sınıfsız toplum modeliyle açıklamakla beraber, Marx'ın aksine, Osmanlı'nın kuruluş ve yükseliş dönemlerinde 'ilkel ve despotik' olmadığını, tam tersine bir 'altın çağ' yaşandığını iddia eder ve bu Doğulu toplumda ideal bir adalet düzeni olduğunu savunur. Kemal Tahir, İttihat ve Terakki yönetimi ile Kemalist rejimi kıyasıya eleştirir. Osmanlı düzeni 'Batılılaşma'yla ve daha sonra Kemalist reformlarla yozlaşmıştır. Kemal Tahir ve İdris Küçükömer Sol'da yer alan aydınlardı. Ama Sağ'da yer alan aydınların da benzer görüşleri savunduğunu görürüz. Örneğin, Tarık Buğra'nın Küçük Ağa'sı (1963) İslami düzene dayanan Osmanlı'ya övgüdür. Ona göre de Osmanlı düzeni koruyucu ve adildir."[7]

Köymen, Buğra'nın kitabının çok satış yaptığını, 12 Eylül'den sonra da televizyon dizisi olduğunu eklerken, pek farkında olmadan, "Şerefsiz Osmanlı'ya Dönüş"ün 12 Eylül faşist darbesiyle nihai yoluna girdiğini de yazmaktadır. İsimleri, şunu söylemek için çoğaltabiliriz: Doğan Avcıoğlu'nun, İlhan Selçuk'u da içeren, galiba 27 Mayıs'ı da şu ya da bu ölçülerde ve bir biçimde simgeleyen görece ileri çizgisi, Taner Timur, Yalçın Küçük, hatta Oya Köymen gibi bir dönemin solcu akademisyen gençleri ve sonrasının da devrimci, hatta atak profesörlerinin etkinliklerini damgalamıştı. Türkiye'nin kurucu babalarına egemen zihniyet, tüm aşırılıklarıyla aydınlanma ateşini içeren ve büyük komşu Rusya'da patlayan devrim sayesinde de somutluk kazanan bir ısrardı. Bu kuruluşun genlerinde, Ekim Devrimi, emperyalizme kafa tutma, askeri bir hırs, aydınlanmanın din ile devlet işlerinin ayrılmasını simgeleyen laik inadı, halkın bir program eşliğinde jakoben bir inatla yönlendirilmesi gibi özellikler yatıyor. "Batı" veya emperyalizmin, bunları çok uzun bir süre sineye çekmesi beklenemezdi. Londra, Paris, Washington vs'nin fazla sesi çıkmadıysa ve Osmanlı'ya dönüş programları eğer hemen sahneye itilmediyse, bu, 1917'nin tüm sonuçlarıyla dünya siyasetine ağırlığını koymasındandı. Tereddüdün kaynağında, komşudaki devrim vardı. Tabii, 1917 Ekim Devrimi tüm sonuçlarıyla tasfiye edilirken de, bu tasfiye işlemi sonrasında elimizde nasıl bir tablo kalacağını görmek isteyenlerin, Doğu Avrupa'ya, Afganistan'a, Irak başta olmak üzere Arap dünyasına, eski Yugoslavya'nın geride bıraktığı coğrafyaya bir göz atması yeterlidir. Türkiye bitirilecektir. Yani küçültülecek ve 1918-19'daki hesaplara yeniden sığdırılacaktır.

Suraiya Faroqhi, Osmanlı'nın 1815'teki Napoleon Savaşları sonrasında yaklaşık 100 yıllık bir sürede ve hâlâ çözüldüğünü yazıyor.[8]

[7] Oya Köymen, Sermaye Birikirken, Yordam Kitap, İstanbul 2007, s. 67.

[8] Suraiya Faroqhi, Kultur und Alltag im Osmanischen Reich, Verlag C.H. Beck, München 1995, s. 274.

Gerçekten de, 1876 yılında iflasını açıklayan Osmanlı'nın, 1881'de Düyun-u Umumiye üzerinden bütçesine el konulması ile nihai sonu arasında pek fazla bir zaman bulunmuyor.[9] Ortaylı'nın sözleriyle, "Ekim 1875'te Mahmud Nedim Paşa Osmanlı borçlarının ödenmesini durdurdu, yani ilk moratoryumu ilan etti"[10] ve bundan sonra geriye pek bir tarih kalmamıştır. Biraz da "zip" formatını andıracak şekilde sıkıştırılan bir tarihe dökülmüştür Osmanlı, sonuna doğru. Ama bunların pek bir önemi de yok. Önemli olan, bizim bugün duruşumuz ve bugünden geçmişe bakışımızdır: Osmanlı'nın hızla tasfiyesi, 100 yıl kadar sonra, yeni bir tasfiye hızının mı habercisidir? Türkiye'nin önümüzdeki 20 yıllık döneme sığacak kadar yıkıcı bir telaşla tasfiyesi mümkün müdür?

Bu sorunun yanıtını elbette geçmişe bakarak bulamayız. "Bakla falı" açmak gibi bir şey olur bu ve doğrusu, tarihten ya da geçmişten bugüne bakarak sorularımıza yanıt ve sorunlarımıza çözüm aramak, farklı bir "teşbih" gerektirmiyor. Bugünsüz tarih, geçmişteki insan eyleminin bakla falına dönüştürülmesi anlamına da gelebilir.

Sonuçta ve 100 yıl önceki tasfiyenin bugünkü tasfiyeyi değil, bugün içinde bulunduğumuz tasfiye sürecinin geçmişteki çözülüşü aydınlattığını düşünüyoruz. Marx'ın çizgisindeyiz: Maymundan hareketle insanı değil, insandan hareketle maymunun bilgisi anlamlıdır. Gelişkin olan daha az gelişmiş olana dair doğru bilgi üretebilir. Elbette bunu tarihçi denilen adama kabul ettirmek çok güçtür. Olsun.

Peki, neden?

O soruya yanıt aramıyoruz. Yanıtını aradığımız soru, Türkiye'nin bundan böyle varlığını, neden geçen yüzyılın başlarında Batı'nın kendisine uygun gördüğü ölçüler içinde sürdürmek zorunda kalacağıdır. Bunun gerekçesini, küreselleşmenin, büyük coğrafi-siyasi birimleri

[9] Köymen, a.g.e., s. 90; Gülten Kazgan, Tanzimat'tan 21. Yüz-yıla Türkiye Ekonomisi, Bilgi Üniversitesi Yayınları, İstan-bul 2002, s. 24-31.

[10] İlber Ortaylı, İmparatorluğun En Uzun Yüzyılı, Hil Yayın, İkinci Baskı, İstanbul 1987, s. 208-209.

mutlaka sermaye için uygun ve küçük parçalara ayırma eylemine karşılık geldiğini söyleyerek bulabiliriz. Bu neoliberal saldırının bütünsel gerekçesi, sözü geçen küçük parçalar siyasetidir. İsteyen, "parçacıklar siyaseti" de diyebilir. Bir yanda dünya ekonomisi, dünya toplumu ve dünya kültürü küreselleşiyor, diğer yanda etnik ve dinsel gerekçelerle yaşam alanları bin parçaya ayrılıyor. Küreselleşme, "cihad"ı tetikliyor ve tersi, "cihad" da küreselleşme şiddetini tetikliyor.

Daha açığı şudur: Küreselleşme sadece sermayenin uluslararası düzlemdeki saldırılarını kolaylaştıran çağdaş emperyalizmin diğer adıdır. Lenin'in çözümlemelerinde, çağdaş emperyalizm falan dediğimize bakılmasın, pek öyle eskiyen bir yan yoktur. Sermayenin küreselleşmesi, halkların ortak ve büyük siyasi birimler, devletler kurmaması için vardır. Etnik küçümen faşizan devletler çılgınlığı, bu "delirium", küreselleşmenin çağdaş bir yüzüdür, ama bir şeyi ekleyerek söylersek, doğruya daha yaklaşmış oluruz: Sadece emperyalist merkezlerin birden fazla milliyet, kültür ve dinden oluşan halklarını birleştirecek yapıda "demokratik devletler" kurması sağlanmaktadır. Şöyle de söyleyebiliriz: "Ulusal devlet" eğer etnik devlet olarak kabul ettirilirse, yani sol, bu saldırıyı püskürtemezse, milliyetçiliğin nihai zaferine tanık olacağımız ve bir maymunlar cehenneminde inanılmaz barbarlıkların içinde yok olacağımız kesindir. Etnik parçacıklar siyaseti, küreselleşmenin diğer adıdır o halde.

İyi ve işte tam da böyle bir sahnede Türkiye'nin varlığını koruması mümkün değildir. Uluslararası ekonomik ilişkilerin etnik temelde düzenlendiğini, ama hep emperyalist merkezlerden denetlenip yönlendirildiğini görüyoruz: Kültürel ve benzeri etnik kavramsallaştırmalarla tarif edilen "uygarlıklar", sürekli birbirine çarpmaktadır. Hem eski sınırlar kalkıyor, hem de yeni fakat çok daha dar sınırlar hayatımıza giriyor.[11] Bu sınır değişkenlikleri, insanda sürekli düşen ve yükselen

[11] Ulrich Menzel, Globalisierung versus Fragmentierung, edition suhrkamp, Frankfurt/Main 1998, s. 7-22 ve özellikle de 99-127.

tansiyona benzetilebilir. Böyle bir durumdaki her bünyenin, öldürücü bir saldırıyla yüz yüze ve iç içe olduğu açıktır.

20'nci yüzyılın son yılıyla 21'nci yüzyılın hemen başında Ecevit'in MHP'li koalisyonu ve onu izleyen AKP patlaması, kaotik bir tablo oluşturdu. Buradan, değil sağlıklı bir Türkiye, herhangi bir Türkiye bile çıkarmak mümkün değildi. Örnek: Türkiye'nin orta yerinden, adı "Bakû-Ceyhan boru hattı" olan bir Amerikan sınırı geçiyor.

Sonuçta hareket yaratıcı bu kaotik tablo içinde insanların uyuşturulması şarttır. Dinin ve etnik aidiyetin altı burada çizilmeyecek de nerede çizilecek? İnsanların, kendi çıkarlarını sıfırlayacak arayışlara yönelmesi için en uygun ortam, herhalde dincilik ve milliyetçilikten güç alarak doğar.

Marksizmin klasik ölçüleri içinde bile varolan, yani bilinen ama ekonomizmle mücadele adına sosyalist ortodoksiyi sıfırlamak için hep yokmuş gibi davranılan bir eğilimin güçlendiğine tanık oluyoruz: Kapitalizmde insanlar, sınıflar, devletler, kendi "makul çıkarlarının" aleyhine bir yola bilerek ve isteyerek giriyor. Bu yol, kültür endüstrisinin zaferini ilan ettiği 20'nci yüzyıldan bu yana neredeyse bir zorunluluk halini almış bulunuyor.[12] Kapitalizmin kurtarıcı, yani insanı özgürleştirici bir mantığı yoksa eğer, ki öyle, o zaman insanların bu mantık içinde yaşamasını kolaylaştırmak gerekir. Sermayenin asıl yapmak zorunda olduğu şey budur. İnsanlar, alıştıkları tüm sınırlar ellerinden kaçar, üstelik olmadık cüret ve darlıkta yeni yeni sınırlar, kısıtlarla sarmalanırken, bu tansiyon felaketine millet ve din gibi en etkili iki büyük mistik unsurla dayanabilecektir. Toplumlar böyle bir "delirme" yaşayacak, insanlar da kemikleri alınmış hamur parçaları halinde yaşayıp giden "müsveddelere" dönüşecektir.

İki yurttaş iktisatçı ve bugüne bakış

Bugünde kalmakta yarar var, dedik. İki yurttaş iktisatçının, Türk ile-

[12] Joachim Hirsch, Kapitalismus ohne Alternative?, VSA Hamburg 1990, s. 13.

riciliğiyle geçmişte, şu ya da bu ölçüde, bağlar da kurmuş iki iktisatçının açıklamalarıyla devam edebiliriz. Ama tabii, söylemek istediğimiz şeyi baştan söyleyerek: Türkiye, 2000'le beraber bir kanat değiştirme ihtiyacı duydu ve arka bahçe kaderine doğru bilerek koştu. Sorun, hangi gücün arka bahçesi olduğudur. Ekonomik olarak Almanya'nın arka bahçesi olduğu kesindir, ama siyaseten aynı şeyi söylemek zor. O noktada bir belirsizlik, hatta iki emperyal merkez arasında bir sürtüşme var. Çıkarlar senkronize edilemiyor.

Buraya geliyoruz.

O dönemde Merkez Bankası Başkan Yardımcısı olan Aykut Ekzen, 2001 yılı yaz başında kendisiyle yaptığımız bir söyleşide[13] Türkiye'nin en çok Alman ekonomisiyle iç içe olmasını şöyle yorumlamıştı:

> "Dış ticaret açısından öyle. Know-how veya yatırım projeleri açısından öyle değil. O alanlar Avrupa'nın diğer ülkeleri ve Amerika'ya dağılmış vaziyette. Ama dış ticaret açısından bakarsak Avrupa ve mark bölgesiyle ilişkileri daha fazla. Tabii Türkiye'nin,yabancı sermaye transferi, yatırım sermayesi, proje yatırımcılığını sağlaması gerekir. Türkiye bunları sağlamadığı, yatırım yapmadığı sürece, şu anda geçmiş 1960, 1970 ve 1980'lerin de bir kısmında yapılmış olan altyapı ve bir kısım sanayi tesisi yatırımlarıyla 2000'li yılları götüremez. Türkiye'de sanayi sabit sermayesi neredeyse durmuş vaziyettedir. Türkiye'de sanayi sabit sermaye yatırımlarının marjinal artışları çok düşmüştür. Bu, çok büyük sorun yaratmaktadır Türkiye'ye. Onun için işte bu 'teşvikler'di, 'yap-işlet-devret'ti, Tahkim Yasası'ydı falan... Özellikle enerji, hatta liman, yol, baraj vs bir yığın altyapılarda büyük eksikliği, yetersizliği var giderek Türkiye'nin. Haberleşme gibi, bu altyapılarını tamamlamadığı, bunlara ilave yatırımlar yapmadığı sürece... İmalat sanayii reel yatırımları da artık, hemen hemen son 10 yıldır durmuş vaziyettedir. Bir de buraya lazım. Bunun için büyük ölçekli yabancı sermaye veya yatırımcı gelecek. Bunu aşması gerekir Türkiye'nin. Aşamadığı

13 "Biz Türkiye'yi Arka Bahçe Yaptırmayız", Cumhuriyet Hafta, 30 Haziran 2001, s. 9.

sürece de sermaye piyasası ve finansman düzeltmeleriyle, Merkez Bankası'nın çok ciddi olarak belli bir kısmını uyguladığı programla da aşılmaz. Bu, yeni baştan bir kalkınma ve büyüme, hedefler belirleme sürecinin çok önemli olduğunu gösteriyor. (...) Türkiye, büyük hedefleri, iddiaları olması gereken, bunlar için de çok önemli kararların alınması gereken bir noktada. Yoksa dünyada çok olumsuz örnekleri var. Böyle bir noktadan sonra birdenbire şunu yapamaz: Hem Avrupa'da, hem Latin ülkelerinde hem de Asya'da çok örnekleri var. Bunları yaptıktan sonra, her şeyin yok olduğu ve birilerinin arka bahçesi, pazarı olan çok ülke var."

Aykut Ekzen, görevi gereği, Merkez Bankası Başkan Yardımcısı olarak, bir gazeteciyle konuşurken görece kapalı bir iktisat jargonu içinden Türkiye'ye yönelik çok radikal uyarılarda bulunuyor ve "geçmiş 30 yılın Türkiye'sinde gördüklerinin, yaşadıklarının ve şu andaki durumun, ileriye dönük bakışlarının ifadesi olarak" muhtemel bir arka bahçe kaderinin altını çiziyordu:

"Çok ciddi olması gerekir. Burada belki AB içinde İspanya örneğinin bizim için çok önemli olması gerekir. İspanya, bu sistem içinde sanayileşmesini, kalkınmasını, altyapısından tutun da sosyal yapısına kadar her şeyini gerçekleştirdi. Tabii AB'den çok büyük paralar da aldı bunları yaparken, ama bu hedeften hiç vazgeçmedi. Proje, kalkınma, hedefler, sanayileşme, altyapı, hepsini... Biz onu örnek almalıyız, Bulgaristan'ı değil. Bütün her şeyini teslim ederek, Almanya'nın arka bahçesi olup, bütün ithal mallarıyla yaşayan, mevcut imalat sanayiinde bulunan kuruluşların bile, çokuluslu şirketlerin depoları haline geldiği bir sistem görüyoruz bazı ülkelerde. Biz de yani bunu istemeyiz. Şu anda üretim yapan, 5 sene sonra depo olup da ithalat mallarını Türkiye'de pazarlayan bir Koç'u görmek istemeyiz, bir Sabancı'yı görmek istemeyiz herhalde. (...) Şimdi Türkiye'nin 8. Plan'ı yapılıyor, hiçbir stratejik iddiası, önemi olmayan. (...) Hiç böyle hedefler yok bu sefer 8. Plan'da. Tam tersine, gerçekçi ve önemli olmayan, Türkiye'nin hedeflerini belirlemeyen bir plan bu. Türkiye'nin yeri hiçbir zaman bir arka bahçe olmayacaktır. Olursa İspanya gibi, İtalya gibi olacaktır. Kendi yönlerini, kendi sanayilerini, kendi önceliklerini, kendi altyapısını, sosyal yapısını, coğrafyasını değiştirerek..."

Aykut Ekzen'in en önemli bir vurgusu, Osmanlı'nın biterkenki politikalarıyla 2001 yılı arasında kurduğu bağlantılar, saptadığı çağrışımlardı:

> "Oktar Türel anlattı geçenlerde. 1850'lerle 1870'ler arasındaki döneme ait. Osmanlı'daki bütçe politikaları, vergi, iç borç vs... O dönemdeki bir takım tartışmalar, 120 yıl sonra aynen tekrar etti. Osmanlı ekonomisinin ve bütçesinin başına 1875'lerde gelen olay, 2000'lerde tekrar geliyor. Orada insan hüsrana kapılıyor. 125 yıl sonra bütçenin göreli karakteri aynı. Aynı şekilde batmış Osmanlı bütçesi."

Dönemin Merkez Bankası Başkan Yardımcısı'nın sözünü ettiği o tarihlerden, çok değil, 40-45 yıl sonra imparatorluğun bitmesi ve Türkiye'nin modern bir cumhuriyet olarak sahneye çıkması, bugün için de bazı şeylerin habercisidir. Ekzen, galiba, AKP'yi de görerek, bazı güçlerin olduğunu kabul ediyor ama şanslarının fazla olmadığını düşünüyordu:

> "O zaman gidilecek alternatifleri vardı. Şimdi alternatifleri hiç kabul edilecek alternatifler değil. Sultanlık rejiminden, bağnazlıktan, çağdaşlığa ve modern yönetime geçiş süreci yaşandı. Şimdi tersine mi gidecek. (...) Dalgalanmalar içinde, belli konjonktürler içinde olabilir."

AKP, "Şerefsiz Osmanlı'ya Dönüş" hükümetidir. Batı ile bütünleşmeyi kafasına göre çözdüğü ve bir biçimde başarılı da olduğu görülüyor. Demek yanılanlar sadece Tito ve sonrası Yugoslav solcuları, Miloşeviç, Irak'taki Saddam taraftarları, eski SSCB yöneticileri değildi. "Yeni Osmanlılar" bir geldiler mi, ülkenin kaderini sol veya bağımsızlıkçı bir tepkinin tekrar ele geçirmesi çok zordur. Türkiye'de bütün o Mustafa Kemal yeniliklerinin silineceği bir zaman yaşayabileceğimizi göremiyorlardı.

İşte, o noktadayız. Toplumun dincileştirilmesi doğrultusunda Batı'nın 1918 sonrasında biçtiği elbiseye sığarak neoliberal dünyanın bir parçası olmamız isteniyor. Nitekim Aykut Ekzen de, dalgalanmalar ve belli konjonktürlerde bu yönde çıkışlar olabileceğini, AKP iktidarı öncesinde görmüş; öyle anlaşılıyor. Ama yine de böyle bir dönüşün kalıcı olabileceğine ihtimal vermiyor. Bu iyimserliğin maddi bir temeli olmadığı, zaman içinde oraya çıktı.

Ama biz buradan, yine bir yurttaş iktisatçı ve Ekzen'e, geçebiliriz. Aykut Ekzen'in kardeşi olan ve o dönemde ANKA'nın da yöneticiliğini yapan Nazif Ekzen, art arda verdiği konferanslarda, 12 Eylül rejiminin fikir babalarını faşist köşelerde değil, demokrat takımın içinde aranması gerektiğini kanıtlıyordu. O elbette böyle söylemiyordu, bugün de söylemeyeceği açıktır. Ama, dışarıdan da olsa bunun farkına varınca, kendisine Cumhuriyet Hafta'da tam sayfa ayırdık ve görüşlerini özetlemesini istedik.[14] Haklıydı. Etkisi hâlâ sıcak 2000-2001 krizlerinin IMF ve Dünya Bankası'nın dayattığı 1980 programının doğrudan ürünü ve bu üründeki Kemal Derviş imzasının da göz ardı edilemeyecek kadar büyük olduğunu savunuyordu. Gazetedeki uzun mülakatından alıntılarla başlayabiliriz Maliye ve DPT'den yetişmiş Nazif Ekzen'in görüşlerine:

> "Uluslararası Para Fonu (IMF) ve Dünya Bankası'nın 1980 'iktisat politikası tercihlerinin' belirlenmesinde üstlendiği rol açıktır. Türkiye'nin Ocak 1980 tarihinde uygulamaya karar verdiği program, IMF ve Dünya Bankası tarafından birlikte oluş-

[14] "24 Ocak'ın gizli mimarı", Cumhuriyet Hafta, 1 Haziran 2001, s.9. Tabii kardeş Ekzen'in görüşleri, ağabeyi Aykut Ekzen'den önce yayımlandı. Aykut Ekzen ile görüşme, göre-vi gereği kısa bir süre için bulunduğu Frankfurt'ta gerçekleş-tirildi. Nazif Ekzen ile mülakatı ise telefon ve elektronik pos-ta aracılığıyla tamamladık. Bu, gerçekten bilgi yüklü, Türki-ye'nin sorumluluğunu hep sırtında taşıdığını düşünen iki yurttaş iktisatçının görüşlerine böyle geniş yer verebilmek, Cumhuriyet Hafta'daki mesaimin boşuna olmadığını galiba kendi kendime kanıtlama şansı da verdi.

turulmuş kombine bir 'istikrar, artı, yapısal uyum' programıdır. Kemal Derviş ve bir grup arkadaşı, 1978-1983 döneminde bu kombine programın yapısal uyum ayağının uygulama modelini hazırlamışlardır. Türkiye'de uygulanması dayatılan 'yapısal uyum' programının gerekçesini, altyapısını ve modelini, Kemal Derviş ile arkadaşlarının Dünya Bankası adına hazırladıkları üç temel çalışmada görüyoruz. Bunlar, sırasıyla şöyledir:

1. K. Derviş-S. Robinson, The Foreign Exchange Gap, Growth and Industrial Strategy in Turkey: 1973-1983, Washington 1978.

2. K. Derviş- De Melo J.- S. Robinson, A General Equilibrium Analysis of Foreign Exchange Shortages in Developing Economy, Washington 1981

3. K. Derviş-De Melo J.- S. Robinson, General Equilibrium Models for Development Policy, London 1982.

(...)

1980 programı, bilindiği gibi iki ayak üzerine oturur. Birinci ayak istikrardır ve bu IMF tarafından yürütülmüştür. İkinci ayak 'yapısal uyum'dur ve Dünya Bankası tarafından 'Structural Adjustment Loan' (SAL) sistemi ile yürütülmüştür. Türk ekonomisinin 'ithalatı ikame eden' sanayileşme modelinden 'dışa açık' ticaret modeline geçişini, bu yapısal uyum politikaları sağlamıştır. Söz konusu politikaların uygulama aracı niteliğindeki 18 sektörlü dışa açılmayı sağlayan 'ticaret' modeli, Kemal Derviş ve arkadaşlarının bu yukarıda sıraladığım çalışmaları ile hazırlanmıştır."

Nazif Ekzen, dışa açık büyümenin sonuçlarını açıklarken, döviz üreten sanayi politikalarında "içerinin" değil "dışarının" imzasını bulduğuna dikkat çekiyordu:

"Bu çalışmaların ortaya koyduğu modelin gerekçesini, altyapısını ve hedeflerini şöyle değerlendirebiliriz: S. Robinson ve K. Derviş'in Dünya Bankası adına 1978 kasımında zamanın iktidar partisi CHP'ye 4. Plan çalışmalarına alternatif olarak getirdikleri model çalışmasında, 4. Plan'ın sanayileşme tercihleri yerine önerilen, 'dışa açık büyüme'dir. Bunu sağlayacak ticaret politikalarının temel gerekçesi de, Türkiye'nin 'kronik bir döviz darboğazı' yaşıyor ve bu sorunun çözülemiyor olmasıdır. Robinson ve Derviş, 1970 devalüasyonu ve 1973 yılına kadar yaşanan çok yüksek döviz imkanlarına karşılık, Türk ekonomisinin bu noktadan, 1975-1977 arasındaki çok kısa sürede şiddetli bir döviz kıtlığına düşmesini ve bu yapının 1950 ile 1960'lı yıllarda benzer şekilde tekrarlanmış olmasını ön plana çıkararak, Türkiye'nin, ekonominin genel dengesindeki esas çözmesi gereken sorunun 'döviz kazanamama' sorunu olduğu sonucuna varmaktadırlar. Bunun temelinde de, döviz üretmekten çok uzak olan sanayileşme politikaları yatmaktadır.

Bu nedenle 1978-1979'da CHP iktidarının ve özellikle DPT'deki teknokrat kadronun ısrar ettiği 4. Plan'ın 'sanayileşmeyi hızlandırma, aramalı sanayilerindeki yatırımları tamamlama' stratejisi, döviz kıtlığını daha da arttıracağı gerekçesiyle 'çok ihtiraslı' bulunarak, yerine 'döviz kazandırıcı' ticaret politikalarını hedefleyen 'dışa açık büyüme' modeli, IMF ve Dünya Bankası tarafından dayatılmıştır.

(...)

Türkiye, bu 'ihtiraslı' sanayileşme stratejisinden vazgeçerken, iç ve dış ticareti serbestleştirmekte, kamunun imalat sanayii yatırımlarından geri çekilmesini kabul ederken de, en büyük üretim kapasitesine sahip KİT sisteminin üretimine bu ticaret politikalarına temel oluşturan 18 sektörlü Derviş-Robinson modelini esas almaktadır.

Bizim sözünü ettiğimiz ve 1980 sonrasında SAL sistemi ile uygulanan, bu 'yapısal uyum' modelidir. Bunun aksini söylemek, yani 1980 modelinin 'yerel' olduğunu ve Türkiye'deki kurum ve kişiler tarafından gerçekleştirildiğini söylemek hiç mümkün değildir. Nitekim P. Wollf, 1989 yılında İSO dergisinde, yapısal uyum modelleri konusunda yaptığı çalışmasında,

Türkiye'nin, kendisini, ilk 'case study' olarak bu 'IMF+Dünya Bankası' modelinin içinde bulduğunu yazmıştı."

Sosyal demokrat politikalara yakınlığını gizlemeyen Nazif Ekzen, Türkiye'nin bugünkü bitirilişine atılan ilk adımların iktisadi altyapısını, bir başka Türk sosyal demokratının hazırladığını vurguluyordu. Faşizan bir rejimin yol haritasını iddialı bir sosyal demokrat hazırlıyordu yani. Kemal Derviş, en fazla bir ticaret cumhuriyeti yaratabilecek neoliberal programıyla, Türkiye'nin varlık nedenlerini ortadan kaldırdığının farkında değildi. Ya da farkındaydı. Biz, Ekzen'in bazı saptamaları ve oradan çıkarak varacağımız noktaya dikkat çekebiliriz. İsteyen "sosyal demokrasinin faşizm programı" olarak da okuyabilir. Elbette, Ekzen'in bu sertliği kabul etmeyeceğini biliyoruz, ama biraz uzunca ve şöyle:

> "1980 programı, hedefleri ve sahipliliği kadar, bugünkü sonuçları itibariyle de büyük önem taşımaktadır. 1990'lı yıllardaki krizlerin ve Türk ekonomisinin büyüme perspektifini kaybetmesinin 'maddi temelleri' 1980 programının uygulama sonuçlarında yatmaktadır. Türkiye 1980 programına girerken, Türk ekonomisinin yapısı konusunda IMF ve Dünya Bankası kaynaklarının tespitleri genelde şöyleydi: Ekonominin 1973-1978 dönemindeki büyüme eğilimi, yıllık ortalama yüzde 6.9 olmuştu. Büyümenin bileşenlerine bakıldığında toplam 'iç talep' etkisi yüzde 100.4, 'ticaret etkisi' yüzde -0.4, 'teknoloji etkisi' yüzde 0. Kısaca, bütünüyle iç talebe dayalı bir büyüme.
>
> Yapısal uyum (SAL) ayağında, 1980 programı ile esas alınan 18 sektörlü ticaret modeli, iç ve dış ticareti libere ederken, ticarete konu olan sektörlerin büyük ölçüde tarımsal üretim ve KİT üretimi ile bağlantılı olduğunu unutmamak gerekiyor. Yatırım politikalarının önüne geçirilen ticaret politikasının aktif elemanları ise fiyat, kur, gümrük tarifeleri, faiz hadleri, ihracat teşvikleri ve sübvansiyonlardır. Ticaret politikalarına dayalı bu dışa açık büyüme programının ilk döneminde kura dayalı "sliding peg" doğrudan ve sürekli teşvik etkisi ile önemli bir

ihracat büyümesi sağlandı. Ancak bu, yatırım süreçlerini kaybetmiş bir genel dengede büyümeyi sürekli ve istikrarlı kılacak bir yapıya Türkiye'yi hiçbir zaman getirmedi. Türkiye, 1980 öncesi yapısının yarattığı kapasiteyi ticaret politikası öncelikleri içinde dış ticarete yönlendirmiş, dönem içinde dünya pazarlarına 'yeni mal' çıkartmamış, yani uluslararası pazarlardan alamamış ve pazar geliştirememiştir. Sadece 1990'larda turizm yeni mal olabilmiştir. Bütün bunların ötesinde, ancak 'yüksek koruma oranlarının olduğu sektörlerde' ihracatı sürdürebildiği, daha 1988 yılında ortaya çıkmıştır.

(...)

Daha açık bir anlatımla, bu program uygulamasının öncesinde Türkiye'nin sahip olduğu rekabet imkanları da 'ticaret politikalarının' yaygın teşvik anlayışının kurbanı olmuştur. Türkiye bu alanlardaki rekabet imkanlarını kaybetmiş vaziyette 1990'lı yıllara girmiştir. Kısaca, 'ticaret modeli' 20 milyar dolarlık destek ile ekonominin genel dengesini çok kısa sürede yeniden bir 'döviz üretememe sorunu' ile karşı karşıya bırakmıştır.

Bu 20 milyar doların da 2.9 milyar doları IMF'den, 8 milyarı borç ertelemesinden, 10.5 milyar doları da Dünya Bankası ile diğer ticari bankalardan gelmiştir. Bu dehşet dengesinde, Türkiye, döviz üretme yerine yeniden borçlanmaya imkan verecek olan "kısa vadeli sermaye hareketlerini" olabildiğince serbest bırakan 32 sayılı TPKK kararı ile ödemeler dengesinin sermaye hareketleri dengesini 'libere' etmiştir. 'Sıcak paradolarizasyon' sürecinin başlangıcı da, ne tesadüf, rekabetin kaybedildiğini gösteren göstergelerin somutlaştığı 1989 yılıdır. Bir nokta daha var ve bu, 1990 borç kısır döngüsünün anlaşılması açısından önemli: 1980 yapısal uyumunun 'ticaret modeli' kamu ekonomisinin faaliyet alanını daraltıp, kamuyu ve KİT sistemini yatırım alanından bütünüyle geri çeker ve ticaret politikalarını ön plana çıkarırken, iktisadi faaliyet alanında 'bireye' önemli bir yeni alan açmaktaydı.

> (...)
> Büyük ölçüde kamu ekonomisi ağırlıklı örgütlenmiş ve mali yapıyı da milli muhasebe, kayıt sistemini bu örgütlenmeye göre düzenlemiş olan sistem, ticaret politikası esaslı yeni örgütlenme düzeni içindeki yeni aktöre, yani bireye, mali yapı, muhasebe ve kayıt sistemi içinde bir yükümlülük getirmemektedir. Bunun doğal sonucu olarak, çok hızlı büyüyen ticaret sektörü, kayıt dışılığın en önemli ayağını oluşturmakla kalmamış, aynı zamanda hızlı bir biçimde biriken ticari sermaye 'izlenemeyen ellerde' toplanmak suretiyle, modelin en zayıf halkasını oluşturmuştur. 'Ticaret politikalarının' yarattığı yapı sadece izlenemez olmakla kalmamış, aynı zamanda, kamu maliyesi de vergi aracını yitirmiştir. Verginin yerine ikame edilen 'iç borç', bir finansman aracı imiş gibi zorla TBMM'ye kabul ettirilmiştir. Borçlanma yetkisini sınırsız bir biçimde 'yürütmeye' devreden TBMM, bu borçlanma süreçlerini hiçbir biçimde denetlememiştir. Türk bankacılık sistemi de 1986 yılında başlatılan 'ihale yöntemi ile satışla faiz cazibesi üzerinden' iç borçlanmanın tarafı haline getirilmiştir."

Bu uzun alıntıları şunu vurgulamak için yaptık: İki değerli ve yurttaş iktisatçının tüm çırpınmalarının, artık Türkiye'de, sosyalist sol dışında seslenebileceği bir odak bulunmuyor. Türkiyeci sol, yeni bir toplum kurarken bu uzmanlardan elbette yararlanacaktır. Ama bu insanların, bir ticaret cumhuriyeti olarak yeniden örgütlenen ve en fazla 1918 Osmanlı'sına yakışan küçük bir devlet olarak ömrünü sürdürme çabasını engelleyecek güçleri de bulunmuyor. Türkiye'nin, sol bir iradeyle planlanması, sosyalist yönelişli bir kalkınma planı ile ayağa kalkması, sosyal demokratların veya benzeri "kemalistlerin" artık tümüyle ilgisi dışındadır. Bir adım daha atarak söyleyelim: Türkiye'nin kurucu şifrelerine bağlı kalan ve bu şifrelerin komşudaki dev ve sol bir devrim sayesinde cumhuriyet niteliği kazanabildiğini kabullenecek bir politik odak da bulunmuyor.

Bu, kimsenin suçu olmayabilir. Belki solun tekrar ortaya çıkıp,

"Benim suçum, toplumu örgütleyemedim, onu yeni çıkışlar için ayağa kaldıramadım" demesi gerekecektir. Der mi? Bilemiyoruz, ama Mustafa Kemal'in, cumhuriyeti ilan ettikten 4 yıl sonra okuduğu "Nutuk", ilginç saptamalar içeriyor. En önemlilerinden birisi, çürümüş, lime lime dökülen Osmanlı'nın yöneticileri ve "devlet-i muazzama" hakkında gerçek duygularını saklayarak siyaset yapmak zorunda kaldığını itiraf etmesidir. Osmanlı rüyasına bağlı kalanlar, bu şekilde aldatılmayı, hiç affetmediler. Aslında aldatıldıklarını söylemek, gerçekten de abartı olur. Sonuçta, siyaset bir güçler dengesi oyunudur. Kemal Paşa'nın gerçek fikirlerini baştan ortalığa saçarak hiçbir şeye ulaşamayacağını artık çocuklar bile görüyor. Ama bu, çok da önemli değil. Önemli olan, Türkiye'yi 1945'ten sonra ABD ve NATO'ya satan, ardından da 12 Mart ve 12 Eylül'ü tezgahlayan "Atatürkçülerin", bu duyguyu, "her an ihanete uğrayabilecek sultan" duygusunu taşımalarıdır. Devrimcilere yönelik ölçüsüz vahşetlerinde, "payitaht"tan tevarüs ettikleri bu duygunun yeri büyüktür.

Ancak, bizi ilgilendiren o değil, şu sorudur: Çürümüş, soysuz bir Osmanlı, Türkiye Cumhuriyeti'ni meşru kılmışsa eğer, biz bugün aynı şeyi mi düşünmek, yarına "benzer" bir gerekçe mi bulmak zorundayız? Kimi milliyetçi çevreler için "1919'un şifreleri" buna bile elvermiyor olmalıdır. Sonuçta, "Geri gel ey Osmanlı!" diye sızlananlar ile Atatürk'te yarı-tanrı bir mesih, bir ilahi kurtarıcı görenler arasında hiç sanıldığı kadar büyük bir mesafe yoktur. Birincilerle kesinlikle değil, ama ikinciler ve seslendikleri milyonlarla ("Cumhuriyet mitingleri") aramızda hiç değilse bir dil kurmamız gerektiği açıktır.

Görüyoruz: Türk milliyetçileri ile Türk şeriatçıları ve onların modern versiyonu sivil toplumcular arasından kalın duvarlar geçmiyor. Özellikle dinci ve etnikçi (Türkçü) iki kamp arasında yeterince geçiş olanağı bulunmaktadır. Faşist çizgilerini gizlemeyen milliyetçiler, Osmanlı'dan nefret etmezler; Osmanlıcılar da Türkçülerden. Bu da normal karşılanmalıdır: Gericilik, çeşitli cepheleriyle birbirini tamamlayacaktır. Bu iki sözde ideolojik kampı, iş dünyası ve Ankara'nın gizli sahipleriyle birleştiren ortak paydanın liberalizm olduğu açıktır. Serbest piyasa hayranlıklarına bir göz atmak yeterlidir.

Modern zamanlardaki Anadolu toprağında yegane toplumsal dönüşümü temsil eden bir kuruluş ve onun kurucu kadrolarıyla, Türkiye'nin 21'inci yüzyıldaki devrimci kadroları arasındaki ilişki, farklı bir düzlemde değerlendirilmelidir. Bunlar birbirine indirgenemez kuşkusuz. Ama yine de bir benzerlikleri yok değildir.

Türkiye bizi taşımaz, ama biz onu taşırız; böyle diyoruz.

Bunu basit bir hakbilirlik olarak görmeyelim.

Türkiye'yi dönüştürerek, onu yeni yüzyıldaki işlevine hazırlamak mümkündür. Bunun için Almanya ile Rusya arasındaki bu en büyük siyasal birime, parçalara ayrılmadan ihtiyacımız var. Devrimimizin büyüklüğü ile bu bütünlük arasındaki paralelliğe dikkat çekmek zorundayız.

Başka bir sektörden, uzay geometriden hareketle de devam edebiliriz: Eğer farklı iki nokta bir tek doğru belirtirse, biz bu iki noktanın, birbirinden farklı olduğunu da söylemiş oluruz. Bulunduğumuz ve baktığımız yere göre, biri önde diğeri herhalde arkadadır. Ama bu farklılığı anlamlandıran şey, birleştirilmeleri ve bu sayede bir doğru oluşturmalarıdır.

Marx ile Lenin arasındaki vurgu farkları biraz da böyledir.

Aralarında fark vardır tabii, olmaz olur mu? Örneğin Marx, 1864 yılında Londra'dayken Garibaldi'nin bu kente bir gelişi var, evlere şenlik. Marx, dönem kapitalizminin başkentindeki Garibaldi şamatasından rahatsızdır, resmen bayağı bulmuştur. Zaten daha öncesinden de, 1861'de, aynı Marx, Garibaldi'den hiç hazzetmediğini bir parantezin içine sığdırıvermişti. İlginç ömründe İstanbul'dan da geçen ve hatta burada bir amele cemiyeti kurduğu bilinen İtalyan birliğinin bu mimarı, bir profesyonel devrimciydi belki ama, Marx için en fazla bir aşağılama konusuydu. Lenin'e göre ise marksistlerin büyük saygı duyması gereken bir burjuva ihtilalcisiydi. Lenin, 1915'te Cenevre'de kaleme aldığı "II. Enternasyonal'in Çöküşü" makalesinde, isim de vererek Robespierre ve Garibaldi'ye en büyük bir saygı göstermeden marksist olunamayacağını yazmıştır. [15]

Peki, Luciano Canfora'nın da vurguladığı gibi, eğer Lenin, Robespierrre ve Garibaldi türünden devrimcileri, burjuvazinin Millerand ve Salandra türünden temsilcilerinin karşısına koyuyorsa, bize, özellikle 1971 isyancılarımızın çıkışlarına bakarak, benzer bir ayrıcalığı Mustafa Kemal'e tanımak düşmez mi? Bütün "Nutuk", bu ihtilalcinin Osmanlı'dan devraldığı kapasitesi dar "idare-i maslahatçılarla" adeta köşe kapmaca oynadığını, kâh şiddet kullanarak kâh tavizler vererek bir şeyler yapmaya çalıştığını gösteriyor. Sonuçta, bir siyaset defteridir "Nutuk", ama yoğun kuruluş şifreleri de içermektedir. 1960 ve 1970'lere egemen olan ruhu biliyoruz. İşte Türk aydınlanmasını yaratanlara, Türkiye'nin kurucu felsefesi ve onun ihtilalci temsilcilerine (tekrar: "Osmanlı Hükümetine, Osmanlı Padişahına ve Müslümanların Halifesine başkaldırmak ve bütün ulusu ve orduyu ayaklandırmak gerekiyordu") yeni devrimci kuşağın bu yakınlığı, bu beraberlik olasılığı, 12 Mart ve 12 Eylül darbelerinin en önemli gerekçelerinden sayılmalıdır. Atatürk'ü bir mesih ilan ederek serbest piyasanın peygamberliği tahtına oturtan 12 Eylül işkencecileri, Kürt düğümünü de emperyalizmin hizmetine vererek sol içindeki bir ayağı dinamitlemeyi başardılar. Solu daha rahat etkisizleştirdiler.

Robespierre ve Garibaldi'nin, hatta Fidel Castro ve Hugo Chavez'in diğer Güney Amerikalı devrimcilerle ortak sevgisi Jose Marti'nin Türkiye temsilciliği, herhalde Mustafa Kemal'e düşer; o zaman Türk ve Kürt gericiliğinin, Türkiye devrimcilerine miras kalan bu çizgiyi bir biçimde kırması gerekiyordu. Yaptılar. Burada, onların yaptıklarından çok, bu çizgideki kırılmayı koruyamayan devrimcilerimizin dramı önemlidir. Türk aydınlanmasının simgesini yüceleştirmekle, tanrısallaştırmakla, onu serbest piyasanın peygamberi yapma çabalarına destek veren "Atatürkçülerin" asıl yerinin Türk gericiliği olduğu böylece bir kez daha ortaya çıkmış oluyor.

Ama bu gerçek, bir başka gerçeğin üzerini kapatmasın: Lenin'in da-

[15] Luciano Canfora, Eine kurze Geschichte der Demokratie, PapyRossa Verlag, Köln 2006, s.10.

marlarında Büyük Petro'nun, Robespierre'in, Garibaldi'nin de kanının dolaştığına itiraz etmeyen Türkiye solu, özellikle de sivil toplumculuğun etkisini ikinci bir deri gibi taşımaya başlayan "sol", Arap dünyasını bile atılımlarıyla etkilemiş, ilericilik tarihimizin önemli bir isminden uzak durmayı, onu sağın malı yapmayı, galiba solculuk olarak yutturmayı başardı. Bu da çok önemli değildi aslında. Önemli olan, solumuzun, aydınlanma geleneğini kendi hizmetine alabilecek bir entelektüel yeteneğe sahip olmadığının ortaya çıkmasıydı. Anlayamıyorlardı. Sol, emperyalizmle şu ya da bu biçimde çatışmış, özellikle de emperyalizmin dikte ettiği anlaşmaları yırtmış bir Kemal Paşa'yı uzun süre çözümleyemedi. Böyle bir çaresizlik noktasında, sağın saldırılarına karşı koyamadı ve entelektüel şiddetinin yetersizliğini işte tam bu noktada kanıtladı. Tek tük çabalar elbette vardı, ama bunlar toplumsal yenilgimize engel olamayacak kadar kişiseldi. Bugün durum farklıdır. Türkiye devrimcileri, uzun süre gölgede kalmış entelektüel şiddetin ilk sonuçlarını son birkaç yıldır toplumsal arenada da toplamaya başladılar. Ama yaralarımız büyük, trajedi sanıldığından çok daha derindi. Sağın çabası, Türk aydınlanmasını başdüşman olarak karşısına almayı solculuk sanan sözde ilerici çevreleri de hizmetine almış gibidir. Tarikatlarla etnik cendere arasında "daha küçük bir Türkiye" projesinin yapıcıları, bu düşmanlıktan çok yararlandılar. Atatürk'e tapanların, bu saldırıya bilerek ve isteyerek destek verdiğini söylemek zorundayız. Bu çıkmazda "kemalist" odakların bayağılığı, hatta kokuşmuşluğu özel bir rol oynamıştır. İsteyen, AsParti dahil, yerleşik Türk siyasetinin üst düzey yöneticilerine bakabilir. Orada örnek çoktur.

Bugün böyle bir tehlike bulunmuyor. Türkiye'nin kurucu şifrelerinde yatan özgürleştirici değerlerin mirasçısı, elbette sosyalistlerdir.[16]

[16] Sezar'ın hakkı Sezar'a: Bundan böyle Marx ve Lenin'e daha önce açtığı kapıları kapatmak için çaba göstereceği anlaşılan Yalçın Küçük'ün "külliyatı", bu alanda, Türkiye solunun gerçekten önünü açan bir entelektüel şiddet deposudur. Ama o da, sonuçta, sadece yol açan bir ağır iş makinesinin kaderini yaşıyor. Genç kuşağın bu önemi pek fazla abartmayacağı kesindir, çünkü hıza ihtiyacı var ve çözülmüş sorunların kökeniyle zaman yitirmek istememesi, her iktidar yürüyüşünün ana özelliğidir.

Sorun, aslında şudur: Sözü geçen bu şifrelerde dünyanın ilk enternasyonalist işçi devleti ve çürümüş Osmanlı'ya karşı başkaldırıya zorlanmış bir aydın kesimi, halk ve ordu da bulunuyor. O halde "kemalizm" başlığı altındaki her şeye saldırının asıl gerekçesini, bu şifrelerin kırılıp tasfiye edilmesi oluşturuyor. Türkiye solu çok ağır bir görev ve taleple karşı karşıyadır.

İşte şimdi, gelmek istediğimiz noktaya ulaştık: Türkiye'nin, kurucu kadroların bilinç düzeyinden bağımsız olarak somut koşullarca dikte edilen, dolayısıyla kuruluşuna içkin felsefesinde gizli bu şifrelerin tasfiyesi, kuşkusuz AKP ile emperyalist merkezlerin ortak hedefidir. Saldırının başka hiçbir gerekçesi olamaz. "Batı demokrasisi", bu şifreleri paramparça etmek için en uygun ve nihai araç kabul edilebilir. Dışarıdaki işçi devleti (SSCB) çökmüş, Ankara tamamen ABD'ye, AB'ye veya NATO, IMF, Dünya Bankası gibi kurumlara kapılanmıştır. Böyle bir siyasal birliğin, Türkiye'nin, ortadan kalkmaması için herhangi bir neden var mı? Etnik her gerekçe, Türkiye'yi daha da küçültecektir. Türk veya Kürt devletçikleri, Büyük Ortadoğu Projesi'nin (BOP) Türkiye'ye yansımasıdır.

Ya, din?

Türkiye'nin sosyalizm dışında her ihtimali denemeye kararlı, pek çalışkan teknokratları, ki kendilerine yanlış olarak "aydın" sıfatı da uygun görülüyor, etnik küçülmenin karşısına BOP ile örtüşen, onun şiddetini hizmetine alabilen bir dinci alternatifle çıktıklarını düşünüyorlar. Liberallerin her türü, solu dahil, burada görev almıştır. Bunun mümkün olmayacağı şuradan bellidir ki, Türkiye'de din, faşist sağa hep istediğinden de çok hizmet vermiş bir kurumdur. Türk veya Kürt milliyetçiliği ile dinci siyasetler arasında ciddiye alınabilecek hiçbir fark yoktur. Geçişlilik kesin ve kalıcıdır. Dolayısıyla en tuhaf durum, milliyetçilikten, dinci eğilimlerle mücadelede bir katkı ummaktır. Bu iki çember iç içedir ve birbirini beslemektedir. O halde siyasal mücadelede de bunları birleşik görmek zorundayız. Dincilik, milliyetçilik ve liberallik, Türkiye'ye özgü pek tuhaf bir ideolojik alaşım oluşturmuştur. Birbirlerinden koparılamazlar. Bunun neredeyse asırlık bir çabanın ürünü olduğunu söylemek, yanlış olmaz. Fakat bu, işin sadece bir yanı.

İşin bir başka yanı daha var: Din, nüfusun yüzde 99'unun müslüman olduğu ileri sürülen bir coğrafyada, bu kalıplarla yürüyemez. Zaten özellikle aleviliğin geleceği ve sünni çoğunluk ile ilişkileri yeni boyutlar almaktadır. Avrupa'da yaşayan Türkiye kökenli alevilerin artan ölçüde sünni müslümanlığa değil, diğer dinlere, hıristiyanlık ve yahudiliğe yakınlıklarını vurgular olmaları ciddi bir uyarıdır. Dinler tarihi açısından çok da haksız olmadıkları yolunda işaretler var. Dinin, dinci çözümlerin, yeni ve çok büyük toplumsal gerginliklerin müjdecisi olduğunu şimdiden görmek zorundayız.

Bütün bunlar etnik faşizmle akrabalığından da güç alacak, sonuçta değişik halk ve kültür grupları arasındaki gerginliği patlama noktasına taşıyacaktır. Türkiye'nin dibine istenen dinamitler yerleştirilmiştir ve bu başarıda sadece dincilerin değil, onlarla şike bir sürtüşme içindeki "sözde muhalif" siyasal çevrelerin de ciddi payları var.

Böyle bir dönemde, yani Türkiye çözülürken, Osmanlı'nın övülmesi ve zihinlere olumlu bir imaj halinde kazınması, "ihtilalci Mustafa Kemal'in" tarihten silinmesi ve hatta Osmanlılaştırılmasını gerektirecektir. "Nutuk"ta, özellikle "Osmanoğullarına" birbirinden ağır hakaretlerle yaklaşan bir isyancının ehlileştirilmesi elbette kolay değildi. Bunun için en az iki darbe, 12 Mart ve 12 Eylül, gerekmiştir. 1980'lerde halkın önüne çıkıp imamın oğlu olduğunu haykıran darbeci generallerin etkisiz kaldığını düşünemeyiz. Bir iktidar ustası olduğu söz götürmez şu Mustafa Kemal'in, Türkiye halkına Osmanlı hayranı olarak sunulması bu darbeler sayesinde başarılmıştır: "Efendiler, dedim, egemenlik hiç kimsece, hiç kimseye, bilim gereğidir diye, görüşmeyle, tartışmayla verilmez. Egemenlik, güçle, erkle ve zorla alınır. Osmanoğulları, zorla Türk Ulusu'nun egemenliğine el koymuşlardır. Bu yolsuzluklarını altı yüzyıldan beri sürdürmüşlerdi. Şimdi de Türk Ulusu bu saldırganlara artık yeter, diyerek ve bunlara karşı ayaklanıp egemenliğini eylemli olarak eline almış bulunuyor. Bu bir olupbittidir."[17]

Bir şeyi kabul etmek zorundayız. Özellikle 1920'ler Türkiye'sine, bir kuruluşa damgasını vurmuş bu jakoben şiddetin, Türkiye insanının belleğinden neredeyse tamamen silinmesi ve bir daha da aynı yollarla bu halkın aklına giriş yapamaması gerekiyordu.

Sol, daha doğrusu sosyalizm, Türk aydınlanmasının başlangıcını damgalayan halkçı ve jakoben şiddetin, 1945 sonrasında da büyük bir hızla sahneden indirilen bu özgürleştirici şimşeğin yeni mirasçısıdır. Tek mirasçıdır.

Sol başarısız olursa, Türkiye aydınlanması bütün sonuçlarıyla tarihten silinecektir. Bu, Türkiye'nin silinmesi demektir. Batı, SSCB'nin sessiz sedasız çökmesinden bu yana, böyle silinmelerin açığa çıkarabileceği yıkıcı enerjiden hiç çekinmiyor. Çünkü açığa bir enerji filan çıkmayacağına inanıyor.

Sol, başarılı olursa, Türkiye aydınlanmasının temel çizgileri, eşitlikçi ve özgürleştirici bir toplumda, sosyalizmde, kendisini daha da geliştirme olanağı bulacaktır.

Türkiye aydınlanmasının kaderi, entelektüel sorunlarını çözmüş, ama toplumsal bağlantıları hâlâ zayıf sosyalist solun ellerindedir.

"Şerefsiz Osmanlı'ya Dönüş", Türkiye topraklarının milliyetçilik ve dincilik üzerinden kapitalist barbarlığa tam boy teslim edildiği güncel bir tarih parçasıdır. Barbarlığa tam teslimiyetin, yani büyük "dönüş"ün artık eşiğinde değil, resmen içinde olduğumuzu söylemek, mücadeleden vazgeçmek anlamına gelmiyor. Sadece durumu tanımlamış oluyoruz.

Ocak 2008

---

[17] Söylev (Nutuk), a.g.e., s. 337.

Güç kimde artık?

Bir eşitsizlik mi söz konusu? Yani, ağırlıklar, tahmin edilenlerin dışında bir gelişme sonucu, acaba yer mi değiştirdi? Kamu ekonomisi ile özel ekonomi, eski dengelerin tarihe karıştığı birer sahne mi gerçekten?

Daha somut olsun: Özellikle sanayileşmiş ülkelere bakarak konuşulunca, devletlerin, özelleştirme politikaları sonucu ekonomiden giderek çekilen bir iktisat politikası izlemesini, yani küçülmesini, çok ülkeli şirketlerin (ÇÜŞ), dev füzyonlar ile yanıtlaması, hiç kuşkusuz bir dengesizlik doğuracak nitelikler taşıyor. Çok büyüdüler.

Korkutucu ölçülerde büyümeleri de sürüyor. Anglo-Sakson edebiyatında "too big to fail" diye nitelenen bir durumla karşı karşıyayız. Şirket evlilikleri o ölçüde büyük devler doğuruyor ki, bunların iflası bir hükümet sorunu halini alabiliyor. Hatta bir hükümetin de değil, birden çok hükümetin sorunu olabiliyor. İflas da edemiyorlar yani.

İlk bakışta öyle. Gerçekten de, 20'nci yüzyılın son çeyreğine damgasını vuran büyük "serbest piyasa ekonomisi" atağı, sosyalist ekonomileri tarihe karıştırdıktan sonra, Batı'nın sosyal demokrat ve sosyalist hareketlerini de kendisine benzetmeyi başardı. Muhafazakar hükümetlerin yapamadığını yapmaya kalkan, büyük ölçüde de yapan bir sosyal demokrat hükümetler Avrupa'sı, güç dengelerinin iyice açığa çıkmasını sağladı.

Daimler-Benz ile Chrysler, Hoechst ile Rhone-Poulenc, AOL ile Time Warner, Unilever ile Bestfood birer örnek. Sadece DaimlerChrysler'in geçen yılki cirosu 160 milyar dolar. Türkiye'nin "kayıt içi" yıllık milli gelirinin 200 milyar dolar civarında olduğu düşünülürse, bu karşılaştırmanın anlamı daha iyi ortaya çıkabilir. Almanya ağırlıklı bu şirketin tek başına gücü, küçükler arasında sayılamayacak bir ekonomi olarak Türkiye ile boy ölçüşebilecek boyutlarda. Sadece özel ordusu yok.

Bu, büyük bir iktidar yoğunlaşmasıdır, doğru. O nedenle de birleşmelere karşı yasal engeller getiriliyor. Rekabet adına yapılan bu incelemelerden, sonuçta pek de olumsuz kararlar çıkmıyor. 1999 yılında AB Komisyonu nezdindeki "rekabeti korumakla görevli uzmanlar" 255 şirket birleşmesinden sadece 1'ini reddedebildiler.

Rekabet azalıyor. Belli sektörlerde, birçok çevreyi korkutan gelişmeler yaşanıyor. Çok değil, bundan 4 yıl öncesine kadar dünyada, dünya ölçeğinde rekabet eden 3 büyük uçak üreticisi vardı. Amerikan şirketleri Boeing ile Mc Donnel Douglas ve Avrupa'nın da Airbus'ı. 2 Amerikan şirketi birleştiklerini ilan edince, geriye bugün rekabet eden 2 üretici şirket kalmış oldu. Ama fark da ortaya çıktı: Boeing ile Douglas'ın birleşmesi Federal Trade Commision'a göre, yani ABD açısından, rekabeti olumsuz etkilemiyor. AB Komisyonu ise tam tersini düşünüyor.

Bir başka dengesizlik veya eşitsizlik de tek tek ülkeler ile çok ülkeli şirketler arasında çıkıyor. Ülkeler üstü bir politika izlemesi gereken şirketler, yeni devler, dağıldıkları ülkelerin iktisat politikaları açısından, hesapta olmayan bir ağırlık oluşturuyorlar. İsteseler de, istemeseler de, şirketlerin çıkarları ile, izlenen ulusal politikaların çıkarları arasında, zaman zaman çelişkiler yaşanıyor. Devletler ile her biri bu devletlerin yıllık bütçelerini geride bırakan özel bütçelere sahip çok ülkeli şirketlerin izledikleri politikalar, çatışabiliyor.

Bu oyundan kimin kazançlı çıkacağını kimse bilemiyor. Ama yeni dönemi, bu çelişkilerin belirleyeceğine kesin gözüyle bakanların haklı oldukları çok nokta var. Örnek: Çok ülkeli bir şirketin Meksika'daki şubesi, Avrupa'daki merkez için yedek parçalar üretebiliyor. Bu malların fiyatları şirket içinde belirleniyor, dolayısıyla devletlerin alacağı vergiler üzerinden de o devletlerin kamu gelirleri ve bütçesine doğrudan bir etkide bulunmuş olunuyor. Bu iç içelik kâr marjını da belirliyor.

Yani şirket evlilikleri, "güç şirketlerde artık" yanıtını kendiliğinden ve beraberinde getirmiyor. Böyle bir bakış, ekonomiye son derece sıradan bir bakış olurdu ve bu, doğrusu serbest piyasa hayranlarına yakışır bir düzeysizliktir. Ama ortada olan şey, şudur: Yeni dengesizlikler ve eşitsizlikler nedeniyle koordinatları tam belirlenemeyen bir sahnedir artık karşımızdaki.

Yeni yüzyıla girerken, çeyrek yüzyıllık özelleştirme politikaları ve küçülen devlet, çözümü hiç de sevimli olmayan sorunları beraberinde getirdi, insanların önüne bıraktı. Batı dünyası, şimdilik bu sorunu pek görmek istemiyor.

Örneğin Almanya'da ve bu arada Avrupa Birliği içinde, izlenen vergi politikalarıyla şirketlerin daha da büyümesi ve dünya pazarında ilave alanlar ele geçirmesi için sağlanan yeni vergi kolaylıkları, "yüzyılın reformu" olarak sunulabiliyor.

Ama bu büyüme, tıpkı insanlarda olduğu gibi, ekonomilere de giderek büyüyen "Aşil topukları" ithal ediyor.

Örnek: Ekonomik nedenlerle sallanan bir şirket, devletleri politik kaosa, politik nedenlerle istikrarını yitiren bir devlet de şirketleri ekonomik kaosa sürükleyebiliyor.

O nedenle dev şirketleri "mutlak güç sahibi" saymak aşırı kolaycılık kabul ediliyor ve doğru olmuyor.

28 Temmuz 2000

Hedef büyütme

Sanki belirli aralıklarla sahneye çıkıyor. Düsseldorf'taki bir metro istasyonunda, eski Sovyetler Birliği'nden göç etmiş ve çoğunluğu Yahudi bir grup yabancıya düzenlenen bombalı saldırı da böyle bir havanın içinden çıktı ve gelip gündeme oturdu. Ama, bu aşırı sağcı saldırılarla ilgili 2 soru var. Bir: Kim istiyor? İki: Kimin çıkarına?

Yani Avrupa'nın en güçlü ve dünyanın üçüncü büyük ekonomisi sırtında özel bir yükle birlikte büyüyor. Sanki sırtında bir hançerle yürüyor. Örnek, bol.

İki dev bankanın Deutsche Bank ile Dresdner Bank, birleşmesi için çabalar yürürken, Nazi Almanyası'nın köle işçilerinden hayatta kalanlara, ömürlerinin akşamında ödenecek tazminat birden manşetlere çıktı. İki dev birleşip dünyanın en büyük kredi kuruluşunu da oluşturamadılar.

Bunlar hep oluyor. Ama trajik bir çıkışsızlık da dikkat çekmiyor değil. Saldırıların medyada geniş işlenmesi, Almanya'daki siyaset düzeni ve yerleşik ekonomi için sakıncalar içeriyor. Gündemin bunlarla uzun süre belirlenmesine, o nedenle pek izin verilmiyor. Bu, var.

Bir başka şey daha var: Alman siyaset sınıfının güçsüzlüğü, doğrusu, bu sınıfın en çekindiği bir noktadır. Bunun, düzen politikalarıyla doğrudan bir ilişkisi olduğu doğru: Sadece itibar değil, yaptırım gücü de ağır yaralar alabiliyor.

Önemli bir nokta, ekonominin içinde bulunduğu durumdur.

Ekonominin büyümesi, bu tür olaylar sonucunda ağır yaralar alabilir. Bu, en büyük tehdit. O nedenle saldırıdan hemen sonra, Federal

Çevre Bakanı Jürgen Trittin, Alman ekonomisine ağır zararlar verilebileceğini açıkça dile getirme ihtiyacı duydu. Örnek olarak da yabancı yatırımcıların aşırı sağcılar nedeniyle Almanya'ya yatırım yapmaktan vazgeçtiklerine dikkat çekti. Trittin, bu vurgusunu sürekli tekrarladı.

Almanya'nın böyle bir kaderi var. Aşırı sağ, neonazi gruplar, halktan destek alabiliyor. 90'ların ortasına doğru Rostock'ta sığınmacıların yurdu yakılırken alkışlayan çevre halkı, bir kabus gibi ülke yönetiminin başına çökmüştü. Eyalet meclislerinde, bu denli parçalanmış olmasalar, aşırı sağ grupların yüzde 5'lerin çok üzerinde bir siyasi güce sahip olabileceklerini, Almanya Yahudi Cemaati Başkanı Paul Spiegel, açıkça söylüyor. Spiegel, işadamıdır.

Acaba devlet ve ekonomi, "Almanlığın içinde adeta yer etmiş" bir yabancı düşmanlığı ile mücadele etmek zorunda kalmıyor mu?

Bürokrasi ve devletin diğer kurumları ile ekonominin sahipleri, bu denetim dışı kalan, yer yer de "merkezkaç" güçlerin neden olduğu tahribatı, asgariye indirmek için çaba gösteriyor. Buna mecburlar. Klasik resmin tam tersi: Devlet ve büyük sermayenin karşısına, halkın içinden gelen, bu nedenle korkulan, böyle bir yabancı düşmanlığı çıkıyor. Klasik tanımlar işe yaramıyor.

Ancak bu, hiç de hesapta olmayan bir gelişmedir. Halktan her zaman her şeyin en temizinin gelmediğini, bir taban hareketi olarak nazizmin vatanında en iyi bilenler, yönetici katmanlardır.

Ekonomi dünyası son derece tedirgin. Büyüdükçe kesin kaynağını bir türlü saptayamadığı, daha doğrusu saptadığı, ama bir türlü itiraf edemediği bir saldırı psikolojisine karşı nasıl önlem alacağını bilemiyor. Doğrusu, işi çok zor.

Alman ekonomisi büyümenin içinde ve konjonktürel canlılığın adeta her ay yeniden kendini kanıtladığı bir dönemde, bu 'ekonomi dışı' yükü nasıl karşılayabilir? Yabancı düşmanlarının bombalı saldırılar düzenlediği bir ülke, dış pazarlara nasıl çıkabilir? Örneğin, içinden çıkan göçmenler Almanya'da bombalanan bir Rusya'da, Almanya hangi kolaylıklarla mal veya hizmet satabilir? En azından bir zorlukla karşı karşıya kalınması doğaldır. Dış pazarlarda hareket yeteneği kadar, hammadde bağlantılarında da ters rüzgarlar alınacaktır.

Önemli olan, siyaset ve ekonominin, özellikle de büyük sermayenin bu gelişmelerden duyduğu rahatsızlıktır. Bir üretim merkezi olarak Almanya değil, Almanya'nın dış pazarlardaki varlığı tehlikeye giriyor.

Postmodern veya "küreselleşen" bir dünyada, eski alışkanlıklar, bu arada sınıf tepkileri de değişiyor. Balık kokarsa tuzlanıyor, ama tuz da kokarsa...

Kim bilir, İsviçreli yazar Prof. Jean Ziegler'e göre "yeraltına" inmiş olan aydının, belki yeniden yeryüzüne çıkması gerekiyor.

Tuzun kokmasını, bir tarihsel kategori olarak, bazen sadece aydın önleyebiliyor.

4 Ağustos 2000

Bir nimet masalı

İnsanlar ellerindeki cep telefonlarıyla taksilerden alışveriş edebilecek, evdeki buzdolabının veya alarm sisteminin doğru çalışıp çalışmadığını işyerinden denetleyebilecek vs... Olabilir.

UMTS, üçüncü kuşak mobil telefonların marifeti bu. Ha, ayrıca, elinizdeki o küçücük telefonun ekranında internette de sörf yapılabilecek.

Olur. Olmayacak şey değil.

Ancak bu "bücürler" beklenen hıza ulaşacak mı? Soruların ardı arkası kesilmiyor.

Mobil telefon şebekelerinin, aşılmaz denilen sınırları kolayca aşabileceği propaganda ediliyor son zamanlarda, ama bu konuda kuşkular da yok değil. UMTS, benzer standartlar için tüm dünyada ortak bir payda oluşturabilecek. Doğru. Ama bu ortak payda, bu temel, tek tek bölgelerde de birbirinden farklı bir gelişme gösterecek. Örneğin ABD, bu standardın Japonya ve Avrupa'dan farklı bir türünü kullanıyor. Uygulamaya girmek için de acele etmiyor. Yeni hızlı şebekelere uygun frekanslar, birçok bölgede televizyon kanallarının işgali altında. Söz konusu kanalların da, sözleşmeleri gereği, bu frekansları 6 yıl ellerinde tutma hakları var. Kısacası, "Yeni Dünya"da işler biraz karışık.

UMTS sayesinde, her zaman ve her yerde, cep telefonu üzerinden büyük bir hızla şebekelere giriş yapılabilecek. Öyle iddia ediliyor. Ama tersi iddialar da var. Böyle bir hız, teknik olarak, ancak tüm bir ülkede her 100-200 metreye bir baz istasyonu oturtulabilirse mümkün. Bu ise tüm yeşil alanların vs donatılması demek. Yani mobil telefondaki yeni standart sadece ideal koşullarda saniyede 2 megabayt veri aktarabiliyor. Bu ideal koşullara ise, örneğin bir tren içinde ulaşmanız mümkün değil. Burada en fazla ISDN hızına ulaşabiliyorsunuz. Çok daha düşük.

Yeni standart, mobil telefon sektöründe bir yerleşiklik sürecini de başlattı. UMTS ile birlikte dünyanın çeşitli bölgelerindeki devler, Avrupa'ya göz dikti. Japon piyasasının lideri NTT Docomo, Avrupa ve ABD pazarına el attı.

Sektör, önümüzdeki yılların en hızlı gelişecek piyasası. Bu, kesin. Sabit şebekeler sürecinde, ulusal politikaların önüne set çıkardığı bir nokta vardı. O, kalkıyor. Dünya ölçüsündeki füzyonlar, yeni süreçte daha rahat icra edilebilecek. Hizmetleri insanların günlük hayatına sokmaya çalışan mobil telefon devleri, standardizasyon sürecinden kârlı çıkabilecek. O nedenle dünya ölçeğindeki evlilikler ve şirket devirlerinin bir anlamı var.

Belli bir piyasa, yani genelde belli bir ülke için geliştirilen teknolojik yenilikler, bu süreç içinde dünyanın diğer piyasalarında da uygulamaya girebilecek. Büyük bir maliyet düşüşü anlamına gelen bu tür gelişmelere, iktisat basınında çok sık dikkat çekiliyor.

Global atılımlar, şirketleri dünyaya itiyor. Bu nedenle Japonların NTT Docomo'su Hollanda'nın eski tekeli KPN'ye ait bir mobil telefon şirketinden pay almak için çabalarını yoğunlaştırdı. Ondan sonra da Hong Kong'tan Hutchison Whampoa ile stratejik ortaklık girişimi, bu hesaplardan kaynaklanıyor. Vodafone, France Telekom ve Deutsche Telekom da bu nedenle sürekli Avrupa ve Amerika piyasalarında turluyor. Maliyetlerin düşürülebildiği bir piyasa eğer geleceğin de gelişen sektörü ise, bütün bu girişimleri normal karşılamak gerek.

Ama sabit şebeke sahibi şirketlerin füzyonu zor.

Sadece Financial Times yazarlarının değil, konuyla ilgili tüm uzmanların üzerinde anlaştığı nokta, bu şirketlerden yakın bir gelecekte 4 veya 5 adedinin kalacağı. Bu büyükler, kıtalar üstü bir yaygınlık ve yerleşiklik sahibi olacak.

Buna da özgürlük denecek.

Halk, böylece özelleştirmenin nimetlerinden yararlanmış olacak. Ama bu nimetlerin ölçülerini tartmak, çok zor.

Bir başka deyişle, bu kadar güçlü şirketlerin, hızla büyüyen bir sektörde fiyat hareketlerini belirleyemeyeceğini söylemek için "aşırı iyimser" olmak gerekiyor. Neoliberal eğilimdir.

Bir de, politikanın, bu süreçte hiçbir etkisi olmayacağını söylemek için herhalde pek fazla iktisatçı olmak gerekiyor.

Adam Smith'in tersine...

"İlm-i iktisat"ın kurucusu Adam Smith, öldüğünde, geride bıraktığı ünlü kütüphanesinin sadece beşte biri iktisat ile ilgili kitaplardan oluşuyordu.

Hayat, fiyat hareketleri ve kâr beklentilerinden çok daha değerli bilgilerle doludur.

11 Ağustos 2000

Kamu ekonomisi ve kapısında bekleyenler

Federal Almanya, 1 Ağustos 2000 tarihinden itibaren, yeni kararname gereğince, AB dışı ülkelerden bilgisayar uzmanı getirtmeye başladı. "Yeşil kart" uygulaması, ilk elde 20 bin kadar AB dışı ülke vatandaşını bilişim sektöründe istihdam etmeyi amaçlıyor. Almanya, bu alanda büyük bir açıkla karşı karşıya. Gereklerini şimdilerde yerine getiriyor, ama Türkiye'yi yine pek hesaba katmıyor.

Bu, "hesap dışı bırakılma", bazı yayın organlarına çok dokundu. Türk gazetelerinde, "Bizden niye almıyorlar" türünden yakınmalar oldu.

Bir konu ortada ve son derece açık: Anlaşılan, Alman uzmanlar, bu alanda Evren-Özal Türkiyesi'nin ortaya çıkardığı ağır çöküntüden, kendilerine yarayacak bir işgücü çıkmayacağını düşünüyor. Olabilir ve doğrusu haksız da sayılmazlar. Globalleşen Türkiye için miladı Kenan Evren ve özellikle Turgut Özal'la başlatanlar açısından büyük yenilgi tabii. Ama iş, ortada: Almanya'nın "yeni ekonomi" şampiyonları, bilgisayar sektöründeki açıklarını kapatmak için gözlerini, Orta ve Doğu Avrupa'nın çöken sosyalist ülkelerindeki altyapıdan yetişmiş insanlara dikmiş durumda. Romanya, Macaristan, Çek Cumhuriyeti, Bulgaristan, Rusya ve Hindistan... Avrupa'daki Türkiye kökenli toplumun değil, fakat Türkiye'nin, bu alanda ciddi bir eksiklik içinde çırpındığını, Alman ekonomisinin uzmanları Ankara'dan daha çabuk görüyor olabilir.

Aslında, yeni uzman akımı, "ikinci kitlesel işgücü göçü" adını hak ediyor. Birinci göç, "vasıfsız" işgücü taşımıştı, şimdi "vasıflı" hatta yüksek nitelikli bir işgücü geliyor.

Nedenleri var.

Alman ekonomisi beklentileri aşan bir hızla büyüyor. Avro bölgesindeki büyümenin de motorudur. Yüzde 3'ler civarındaki büyüme hızı, özellikle yeni teknolojileri yeni ihtiyaçlarla yüz yüze bıraktı. Buna büyümenin külfeti de denebilir. Tehlikeli bir yük.

Böyle ihtiyaçlarla kıvranan Almanya, trajik bir yol ağzında. İçerde ve dışarda daha önce tanımadığı şeylerle karşılaşabilir. Ekonomideki büyüme, uzman ihtiyacını kırbaçlıyor. Bu uzmanlar "web sayfaları" hazırlamak gibi her türlü yaratıcı ve bilimsel bilgiye uzak işlerde istihdam edilecekler. "Muz işi" adı da veriliyor bunlara ve üst düzey beyinler tarafından aşağılanıyor. Doğu ve Orta Avrupa'nın bilimsel geleneğinden yetişmiş beyinleri, orada öğrendiklerini unutacaklar. Ama örneğin Bükreş'te, 300 mark maaşla ay sonunu getirmeye çalışan bir üniversite doçentinin veya profesörünün başka şansı da yok. Şöyle 7 bin marklık bir maaş için Almanya'ya göçmemesi, mümkün değil. Bu göç, Orta ve Doğu Avrupa ülkelerinin teknolojik geleceğini ipotek altına alacak. Avrupa hiç böyle bir şiddetle karşılaşmamıştı. Erozyonun korkutucu boyutları yakında ortaya çıkar.

Binlerce uzmanın Almanya'ya gelmesi iç politikada yabancı düşmanı akımları geliştirecek. Çünkü işsizlik, ekonomik büyümeyle orantılı bir biçimde azalmıyor. Açık kayıtlı işsiz sayısı 4 milyon sınırının daha yeni altına düştü. Son birkaç ayda gerileyen işsiz sayısı, 1930'larda Nazi Almanyası'nın sağladığı "refah yıllarındaki" bebek patlamasının ürünü. O dönemde doğan çocuklar savaşa katılmamıştı ve şimdi de emeklilik yaşına geldiler. İşsizlik, yabancı düşmanlığının kaynağı. Yabancı düşmanlığı da Alman ekonomisinin en büyük düşmanı. Yani ekonomide, neredeyse "düşük yoğunluklu bir iç savaş" sürüyor ve sürecek. Bu da Alman ekonomisini dışardan vurmak isteyen diğer odakların işine gelebilir.

Doğu Avrupa'nın "dahileri" gelse bir dert, gelmese bir dert. Ekonomiye yeni teknoloji giriyor, yeni teknoloji üretiliyor ve üretimde birim işgücü başına düşen ürün miktarı, yani verimlilik de artıyor. Ekonomi büyüyor, işsiz sayısı azalmıyor. Yabancı korkusu daha da yayılıyor. İşte yabancı uzmanlar da böyle bir ülkeye gelmeye korkuyor. Gelirlerse de vatanlarını ikinci sınıf bir kadere itmiş oluyorlar.

Almanya, arka bahçesinde 60 yıl öncesinden farklı bir biçimde, yani askeri güç ve ırkçı ideoloji olmaksızın yeni bir teknolojik darbe gerçekleştirmek zorunda kalıyor. Ekonomisi, onu buna zorluyor. Ama çevre ekonomilere bakarak "Bu terazinin bu sıkleti çekemeyeceğini" düşünenlerin sayısı da artıyor. İyi...

İyi de, şu var: Metropoller, tıkandıklarında, neden kamu ağırlıklı ekonomilerin kapısında el pençe divan bekliyor ve "yeşil kart" türü acil çözümler yaratıyor da, Özal tipi "işini bilen" yöneticilerin elinde kıvranan ekonomilerden yetişen, daha doğrusu yetişemeyen insan malzemesine sırtını dönüyor acaba?

Bu, başlı başına bir ders olmalıdır.

Çünkü sadece bu arayışın kendisi bile, ekonomideki kamu girişimlerine yönelik düşmanlığın sonuçlarını gösteriyor.

18 Ağustos 2000

"Beslenenler"

Siyasal iktidar, başlı başına bir ekonomi. Neden? Hangi toplumsal sistem içinde olursa olsun, iktidarın bir ekonomik etkinlik tarzı olarak tanımlanması, onun müşterilerinin de göz önünde tutulmasını gerektiriyor.

Önemli olan, "beslenenler".

Siyasal iktidar, ekonomi üzerinde egemenlik kurmak için gerekli bir araç. Siyasetin varolduğu toplum biçimlerinde, bu da böyle kalacaktır. Siyasal iktidar mücadelesi, ekonomi üzerinde bir egemenlik kurma mücadelesidir. Tersi pek doğru değil. Yani ekonominin egemenleri, "Eh, bu kadar yetti, artık bundan sonra biraz da siyasetle biz ilgilenelim" dedikleri için böyle girişimlerde bulunmuyorlar. İktisadi gelişmelerin nabzını tutan ve yönlendirebilen toplumsal sınıflar, yeni yörüngeler için politikaya ağırlıklarını koymayı düşünüyorlar.

Siyasal iktidar, böyle bir çerçevede, ekonominin önüne geçebiliyor.

İktidar sahiplerinin ekonomi üzerindeki belirleme ve etkileme güçleri, yeni zamanlarda, 21'inci yüzyılda özellikle, bazı paylaşım mücadelelerini de doğurmuyor değil. Örnekler çok. Her yerde var. Birini en bariz bir biçimde "Özal Türkiyesi" yaşadı, diğerini de "Kohl Almanyası".

Sonuçlarının aynı olduğu söylenemez. Ama iktidara oynayanların ve iktidar sahiplerinin ekonomi ile ilişkilerinde bir yeniden dağıtım merkezi rolü oynadığı da gözlenebiliyor.

Halen "boyalı" bir Türk gazetesinin önde gelen ve eskinin hızlı solcusu bir dış politika yazarı, Cengiz Çandar, solculuktan çoktan vazgeçtiği için ve bundan da güç alarak, yıldızı parlayan Özal'ın kapısını bizzat aşındırdığını, ona projeler getirdiğini ve hizmetlerde bulunduğunu açıkça yazabiliyor ve her mecliste de anlatabiliyordu. Bu konuda açık yürekli olduğunu kabul etmek gerekir.

Peki, bir Helmut Kohl mantığının bundan büyük bir farkı olduğu söylenebilir mi? Kohl de, çevresinde ilginç bir dağıtım politikasıyla kendisine kadro yaratmadı mı? İnsanlara ilgi, yani para göstererek kadro yaratmak... Ekonomik kaynakları kadro yaratmak için kullanmak ve kadroları da yeni ekonomik kadrolar yaratmak için kullanmak, bunlar birbirine açılan ve benzeyen yollardır.

Alman araştırmacı gazeteciliğin önde gelen ismi Hans Leyendecker eylül ayı başında "Helmut Kohl, die Macht und das Geld" (Helmut Kohl, İktidar ve Para) başlığı altında iki arkadaşıyla birlikte hazırladığı kitabı okur önüne çıkarıyor. Kitap, Kohl'ün parayla ilişkisi üzerine kurulu. Helmut Kohl için Adenauer'in bir örnek oluşturduğunu, parayla ilişki ve siyaset açısından Kohl'ün bir takipçi olduğunu söyleyen Leyendecker, bu "muhafazakar politikacının" aslında "cini kadar sevmediği", bazı çevrelere göre ise nefretin de ötesinde duygular beslediği bir gazeteci. Turgut Özal'ın da, Kohl'ün de gazetecileri vardı. Kimseyi aldatmadılar, sadece "kendini satmaya hazır olanların" fiyatını ödediler.

Önemli olan, bütün bu çürümelere ve siyasetin ekonomi üzerindeki emellerine alet olan gazeteciler ile bunlarla mücadele etmeyi kafasına koymuş "aydınlanma savaşçısı gazeteciler" arasındaki farktır. Nasıl bir fark bu?

Çalışkanlık gibi bir fark. Sadece namuslu olmak, insanı mikroplardan korumuyor. Toplumu hele hiç korumuyor. Gerekli, ama yetmiyor. Bu kriminal çağda, namuslu olmanın ötesinde bir fedakarlık, araştırmacılık, iddiacılık ve satın alınamama garantisi gerekiyor.

Özal ile Kohl arasında pek o kadar büyük bir fark da yok. Türkiye her anlamda, yolsuzlukları ve gelişmemişlikleriyle de, Avrupa'nın bir parçası. Türkiye, Avrupa'dan sorumlu, Avrupa da Türkiye'den. Böyle bakınca: Özal Türkiyesi Kohl Almanyası'ndan sorumluydu, Kohl Almanyası da Özal Türkiyesi'nden.

Özal'ın gazetecileri "Özal Türkiyesi"nin ve "Öteki Türkiye"nin sorumlusu olmanın ötesinde, mimarıydılar. Ama Özal'ın muhalifleri de bu sonucu önleyememenin yükü altında değil midir?

Muhalefet, iktidardan her zaman daha acımasızdır. İktidardakilerden daha hırslı, daha çalışkan, daha namuslu, temiz ve fedakar olmazlarsa, şansları da kalmıyor. Temiz kalmak, çok zor bir meslektir. Hele iktisat gazeteciliğinde...

"Öteki Türkiye" için ağır bedeller ödeyen insanlara 20 yıl lanet yağdıran yayın organlarında dolarla maaş alıp, iktisadi göstergeler bu "öteki" Türkiye'nin homurdanmaya ve tehlikeli bir gerilime girdiğini gösterince "Öteki Türkiye" naraları atmak... Ama bu, sadece Türkiye'ye mi özgü bir şey? Aynı şeyler Avrupa'da da yaşanıyor. ABD'de de.

Tamam, Özal ve Kohl'ler çıkıyor, ama Hans Leyendecker gibi ısrarlı araştırmacılar da çıkıyor... Yani iktidar sahipleri, ellerindeki nimetlerle her okuryazarı veya "köşe sahibini" satın alamıyorlar. Biz de, işte o bir türlü satın alınmayanlar içinde "aydın" arıyoruz. "Beslenenler" arasında değil.

25 Ağustos 2000

İhracat ve yaz tiyatrosu

Her adım yeni bir sorun. Federal Almanya'dan Türkiye'ye ihraç edilen her mermi, siyasi bir sorun olarak gündeme giriyor. "Yetti artık" diyenlerin sayısı çoğalıyor.

Aslında değerlendirmeler hep aynı: Türkiye'de insan hakları ihlal ediliyor; bu ihlallerin yaşandığı bir ülkeye silah ihraç etmek, bir haksızlığa da ortak olmayı kabul etmektir. Böyle söyleniyor.

Peki, doğru mu?

Yani, Türkiye'nin insan hakları ihlallerindeki şöhreti malum da, Berlin'in, bunun sonuçlarından "çok rahatsız olduğu" acaba gerçekten söylenebilir mi?

Kuşkulu.

Neden?

Berlin, Avrupa'nın lokomotifi, bu tür sorunlarla sürekli karşılaşacağını bilecek kadar siyasal deneyim sahibidir. İki Almanya'nın birleşmesinin ardından 10 yıl geçti, yeni bir kuşak yetişti; Avrupa kamuoyu artık yeterli donanım ve deneyime sahip bir ülkenin motor rolünü kabullenmiş gibidir. Bu konuda çatlak denebilecek sesler, zaman zaman sadece Pasifik ötesinden geliyor. O da pek nadir. "Avrupa Almanyası" kendini kanıtlamış ve ağaçlar yüzünden ormanı gözden kaçırmamayı doğrusu iyi öğrenmiştir. Öyle görünüyor.

Bunlar ne demek?

Bunlar, "Almanya yeni yeri ve önemiyle ilgili sınır ve kapasitesinin farkında, dersini iyi çalıştı, motor işlevinin gereklerini yerine getiriyor" demek.

O nedenle de silah ihracatında, son 1.5 yıldır uluslararası arenada neredeyse her kesim tarafından "Washington'a iyice yaklaştı ve Amerikan atına oynamakta kararlı" yorumlarıyla değerlendirilen Ankara'nın, bu tür uyarılarla yüz yüze bırakılması doğaldır.

Ama Ankara adı silah ihracatıyla birlikte geçince kopan fırtınalar, doğrusu çok fazla da ciddiye alınmıyor.

Yani, şu: Silah ve ihracat telaşı, fazlasıyla reklam kampanyalarını andırıyor. Bu konuda Berlin'in yapacağı bir şey yok. Fransız veya ABD malı tanklardaki Alman katkısı, biliniyordu. Şimdi de eski hükümetlerin sorumluluğuna terkediliveren 90 milyon marklık bir yatırım söz konusu. SPD zaten ses çıkarmıyor. Yeşiller ise müşteri kaybını dengelemek, hiç değilse önümüzdeki seçimlerde yüzde 5 barajını aşmak için, itiraz etmek zorunda olduğunu biliyor. "Yeni Alman muhafazakarlığı", Kohl ve CDU yolsuzluklarla birlikte siyasetin en karanlık bölgelerinde kaybolduğundan beri, herhalde bu olsa gerektir. İyi...

İyi de, bu oyunun, senaryoda yeri var. Federal Almanya'nın uluslararası arenada bu sayede demokratik endişelerini dile getirme ihtiyacı karşılanmış oluyor. Ama Türk politikasına yönelik bu vurgular, bir ambargo boyutlarını almıyor. Alman ekonomisinin buna tahammül göstermesi de çok zor zaten.

Belki de SPD, yolsuzluk, rüşvet ve kara hesaplar nedeniyle yerle bir olan Hıristiyan demokratların rolünü dikkatli bir biçimde üstlenmiş oluyor.

Türkiye ekonomisinin, daha doğrusu Türkiye'nin üretim şansının Almanya üzerinden geçtiğini herkes kabul ediyor ve herşey yerinde saymayı sürdürüyor.

90 milyon marklık bir reklam balonu üzerinden bir kaşık suda fırtınalar koptuğuna inanılıyor. Ama bir bardak sudaki fırtınayla, Ankara veya Berlin'de bir iktidar değişikliği sağlanabileceğine inanan pek yok.

İhracatın siyasal iktisadından, şimdilik en fazla bu sonuç çıkabiliyor. Her adım, yeni bir sorun ve her sorun, yeni bir olanak.

En azından ekonomide bu, böyle. "Yaz tiyatrosu" ise başka bir sektör ve reel ekonominin biraz dışında.

1 Eylül 2000

Petrol krizi mi?

Hampetrol fiyatlarındaki artış, eski saadet günlerine geri dönülemeyeceğini somut olarak bir kez daha gösterdi.

Oysa on yıl kadar önce, Irak'ın Kuveyt'e girmesiyle başlayan ve Irak'a müdahale ile sonuçlanan kargaşa sonrasında, fiyatlar büyük düşüş göstermiş, bu, ABD'nin müdahale gerekçesi olmuştu. Bu krizin hemen ertesinde hızla düşen petrol fiyatları, bugün o dönemdeki düzeyin üç katı. 1993 sonuyla 1994'ün ilk yarısında, Türkiye ağır bir ekonomik kriz içindeyken, dünya ve Türkiye ekonomisinin en önemli girdisi, bir enerji kalemi olarak petrol, 10 dolar sınırının altındaydı.

Zaman değişti.

OPEC'in üretimini 800 bin varil arttırma kararı, henüz somut sonuçlar vermedi. Hemen değil, 1 Ekim'de sonuç vermeye başlayacak, üretim o zaman artacak. Bu enerji politikasının ne gibi sonuçları olabilir? İki gelişmeyi bu sıkıntıya ekleyerek, bazı sonuçlar üzerinde düşünülebilir.

Örneğin avrodaki önlenemeyen düşüş. Aslında bu konudaki hezeyanların da eski hararetini koruduğu söylenemez. Doğru bir vurgu Helmut Schmidt'ten geldi. Eski başbakan, Alman ekonomisinin ve avro ülkelerinin, AB ile birlikte dünya ticaret hacmi içindeki yerlerine dikkat çekti ve bu gücün iç mekanizmalar sayesinde döviz hareketlerinden olumsuz etkilenmeyeceğini savundu.

Avrodaki düşüşün dramatik sonuçlar doğurması zor. Çünkü AB pazarı, çevresiyle birlikte, ciddi bir ayakta durabilirlik niteliğine sahip.

Hampetrol fiyatlarındaki büyük sıçramaya rağmen avro bölgesinde enflasyonun bir patlama göstermemesi, bu görüşlerin haklılığına bir işaret olarak alınabilir.

Bundan daha önemlisi, dışardaki güçlerin, içerdeki refahı tehdit edici tavırlarıdır. Yani AB ve avro bölgesi ülkelerinin kamuoyu, içerde ulaşılan refah düzeyinin, ABD başta olmak üzere çeşitli maceralar ve oyunlarla aşağı çekilmeye başladığına inanabilir. Doğrusu, Avrupa politikasında, kamuoyuna bu yönde çok fazla sinyal veriliyor.

Kamuoyunun bir şaşkınlık içinde olduğu ortada. Ancak asıl önemlisi, bu kamuoyunun dışarıya karşı daha da hassaslaşan duyargalarıdır. Dış dünyayı kendi refahına yönelik olumsuz bir hareketlenme içinde gören insan toplulukları, uluslararası barışın herhalde garantisi değildir. Bunun, tehlikeli bir oyun olduğu söylenebilir. Aslında bu, diğer gelişmiş sanayi ülkelerindeki yöneticilere yönelik bir tepki de içeriyor.

Hampetrol fiyatlarındaki yükselme, bir başka tepkinin gerekçesi. Avrupa kamuoyu, "haddini bilmez" petrol üreticisi ülkelerin, sanayileşmiş ülkelerdeki olumlu ekonomik gelişmeyi baltaladığı inancına alıştırılıyor. Bunun, iç barışı ve uluslararası ticareti teşvik edici bir unsur olduğunu söylemek doğrusu zordur.

Alman Sanayiciler Federal Birliği'nin (BDI), neonazi saldırılarından bu yana yaz aylarında kısmen unutulan bir girişiminin, bu dönemde yeniden gündeme getirilmesi de anlamlıdır. BDI yönetimi, basına yaptığı açıklamalarda, 24 Eylül'de Berlin'de bir sempozyumla yeniden atağa geçileceğini bildirdi. BDI Genel Sekreteri Ludolf von Wartenberg, 60'lardan bu yana bu kurumun sosyal piyasa ekonomisi düşüncesini üstlendiğini, milliyetçiliğin geçmişte de şimdi de olumlu bir sonuç vermediğini hatırlattı. Bunu, içerden bir tepki ve tehlikeye karşı önlem olarak görmek gerekir. Pazar şansını, özellikle de ihracat şampiyonu bir ekonomi olarak bu tür huzursuzluklarla yitirmek, sanayinin kaldıracağı bir macera olamaz. Böyle düşünülüyor.

Avro düşüyor ve "dışarıdaki zenginler" suçlu. Hampetrol fiyatları artıyor ve ısınmayı, aydınlanmayı, hareket etmeyi güçleştiriyor, "dışardaki görece azgelişmişler" suçlu. İçerde ise işsizlik düşmüyor ve dışardan gelenler suçlu...

Böyle bir denklem kurmak, medyanın iyice şaşkına çevirdiği "sokaktaki insan" için çok zor değildir. Eğer böyle bir "suçlular ve sorumlular" cetveli, halkın bilincine yerleşirse, Avrupa'nın refah ekonomilerini çok zor günler bekler.

Avrodaki gerilemenin kısa bir süre içinde duracağına inanılıyor. Düşmese de Avrupa'nın ekonomik gücünün bu olumsuzluğu massedebileceği belirtiliyor. Petrol fiyatının 40 doların üzerine çıkmasının mantık dışı bir gelişme olacağı, 2001 yılında hampetrolün variline 21 dolar ödenebileceği yolundaki hesaplar destek buluyor. Alman sanayicilerinin içerdeki istenmeyen gelişmelerin önünü kesmek ve ekonominin iç işleyiş mekanizmalarının serbestçe gelişmesini sağlamak için girişimlerini sürdüreceği ise açık.

Önemli olan, bu girişimlerin istenen sonucu verip vermeyeceği. Ama Avrupa ekonomisindeki canlılık, yerini yükselen fiyatlar düzeyine ve avronun dolar karşısındaki gerilemesinden kaynaklanan daralmalara bırakırsa, örneğin işsizlik oranındaki yükseklik yerini korursa, aşırı sağın beslenme odakları da faaliyetlerini hızlandıracak demektir.

Alman ve Avrupa ekonomisindeki girdi ve çıktı kalemleriyle, bu ülkelerdeki toplumsal barışın düzeyi arasında, böylesine yakın ilişkiler var. Avronun değeri ve özellikle de petrol fiyatı, bu nedenle, herkesi fazlasıyla ilgilendiriyor ve bu ilgi, benzin fiyatı tartışmalarının çok üzerinde endişelerle yakından bağlantılıdır.

15 Eylül 2000

Prag sonbaharı

Avrupa ilginç bir süreç yaşadı. 1968'lerde örneğin bir "Prag Baharı" vardı, öyle anlatılırdı. Bu bahar iki onyıl içinde tarihe karıştı, 1990'da ondan eser bile kalmamıştı. 2000'de ise her şey başkaydı.

Önümüzdeki birkaç gün içinde de bir "Prag Sonbaharı" yaşanacak. 50 bine yakın küreselleşme karşıtı, Dünya Bankası ve IMF'nin, bu Avrupa kentinde yapılacak olan yıllık toplantısına yönelik gösteriler yapacak. Seattle, yeniden hatırlanacak. Avrupa'nın değişik ülkelerinden binlerce gösterici Prag'ta küreselleşmeyi kutsamak için değil, reddetmek için biraraya gelecek. Neden?

Ekonomisi sürekli büyüyen, enflasyonu unutmuş ülkelerde bile, işsizlik rakamlarına bakınca hemen görülüyor: İşlerin yolunda gitmediği kesin. Ama kimin işlerin yolunda gitmesine engel olduğunu pek bilen yok. Pek arayan da yok.

Ama herkes rahatsız.

Petrol fiyatlarının önlenemeyen yükselişi, bu şaşkınlığa küçük bir örnek.

Nitekim işlerin yolunda gitmediğini bilip de çözüm arayanlar arasında, görüş birliği yok. Örneğin Josef Stiglitz. Dünya Bankası'nın başekonomisti ve ABD Başkanı Clinton'un da başdanışmanıydı. Bu görevlerini bıraktı ve sert eleştirilerini de sıralamayı sürdürüyor.

Sadece o değil.

Son haftalarda, özellikle de Prag toplantısı yaklaşırken, Dünya Bankası içindeki bir tartışma daha sık gündeme gelir oldu. İki "liberal" ekonomist, Aart Kraay ve David Dollar'ın büyüme ile yoksulluk arasındaki ilişkileri inceledikleri rapor, bahar aylarından bu yana sert çekişmeleri de beraberinde getirdi. Dünya Bankası'nın bir başka ünlü ismi Ravi Kanbur, bankadaki görevinden ayrıldı. Kanbur, gündemdeki Dünya Kalkınma Raporu'nun da koordinatörüydü. Kraay ve Dollar'ın tezlerine katılmıyordu. Ekonomik büyümenin yoksullaşmanın panzehiri olduğu kolaycılığını tartışmaya açmak istemişti. Şimdilerde, iktisat profesörü Kanbur'un bilim dünyasına geri dönmesi, "neoliberal görüşün bir zaferi" olarak gösteriliyor.

Kim haksız olduklarını söyleyebilir?

Dünya Bankası Başkan Yardımcısı Jean-François Rischard bile geçtiğimiz günlerde, işlerin küresel düzeyde "optimal" yürümediğini itiraf etti.

Aslında hammadde piyasalarına bakıldığında da görülüyor.

Petrol fiyatlarının 35 dolar sınırında yaşadığı gelgit, bir işaret. Nakliyeciler sokağa çıkmaya başladı. Kışla birlikte ısınma maliyetlerinin arttığı görülecek. Sokaklar kalabalıklaşabilir.

Bunlar, normal.

Küreselleşme, sınırları kaldırıyor. Sorunların da sermaye gibi, akışkan bir nitelik kazandığı söylenebilir.

Ekonomi, sınır tanımıyorsa eğer, sorunlar da sınır tanımıyor.

Oysa eskiden "belli dertlerin" sınır dışında tutulması mümkündü. Şimdi çok güç.

Dünya Bankası'nı son kalkınma raporunda da ortaya çıktı: Dünya ölçeğinde eşitsizlik artıyor. 6 milyar insanın 2.8 milyarı günde 2 dolardan daha az bir parayla geçinmek zorunda. 1.2 milyar insan ise günde 1 dolardan daha az bir parayla yaşıyor. Buna yaşamak denirse.

En zengin 20 ülkede kişi başına düşen ortalama gelir, en fakir 20 ülkenin kişi başına düşen ortalama gelirinden tam 37 kat daha fazla.

Dünya Bankası bünyesindeki çatışmaların kamuoyuna mal olması, bu nedenle, tesadüf değil. Yoksulluğun dile getirilmesi, hesaplanması ve onunla mücadele, aynı kurumların içinde birbiriyle neredeyse boğazlaşmaya varan cepheler oluşturdu.

Küreselleşme, sınırları kaldırıyor. Sınırlar işte böyle kalkıyor. Zenginlerin önce lehine. Ama daha sonra, onları, dışarıda biriken sorunların yol açacağı patlamalardan koruyacak sınırların kalkması gibi bir sakıncayı da içeriyor.

Alışılmış sınırlar kalkıyor, ama yeni sınırlar ortaya çıkıyor. Bölgeler oluşuyor. Bu bölgeler siyasi bir anlam kazanıyor.

Küreselleşme için can ve zar atan ülkeler, Çek Cumhuriyeti de bunların içindedir, şimdi bir protesto sahnesi halini alabiliyor. Küreselleşme, spekülasyon demek. Sadece günde 1600 milyar dolarlık bir döviz ticareti demek değil. Bu miktarın yüzde 97'sinin reel ticaretin dışında gerçekleşmesi, sanal kazançların, zaman içinde böyle somut çatışmalara da dönüşmesi demek.

Petrol fiyatları arttı; bunun Irak'taki ilaçsızlık ve gıdasızlıktan ölen çocuklara bir şey getirmediği, ama Suudi şeyhlerin lüksüne bir şeyler kattığı açık. Sanayileşmiş ülkelerdeki düşük gelirli katmanların da bu gelişmeyi pek sevimli bulduğu söylenemez.

Küreselleşme, yeni "Prag Sonbaharları" ile birlikte gelişiyor.

22 Eylül 2000

Gırtlaklarında büyüyen harf

Enflasyon korkusu hiç bitmemişti, yine gündemde. Kendisi değil, korkusu. Ham petrol fiyatlarındaki pek de sürpriz olmayan son sıçramalar, bu korkuyu tekrar su yüzüne çıkardı.

Gerçi bir konu açık: Ham petrol, bu "uygarlığın" her adımında dönüp baktığı bir iz oldu. Son dönemde, artık bir hızlanma gerekçesi olmaktan çok, hız kesen bir yük gibi görülüyor. Tümüyle yanlış olduğu söylenemez. Önemli kayıplar pahasına artan bir hızla karşı karşıyayız ve bu dünyanın "müreffeh" bir bölgesinde, AB, Kuzey Amerika, kısmen de Pasifik çevresi, deneniyor. 6 milyarın, aşağı yukarı 500 milyonluk bir kesimi için bu denemeler yapılıyor. İyi.

İyi de, şu var: Eğer bu fren unsuruna karşı zenginler, önlemleriyle krizi dışarıya yansıtmanın yolunu bulmuşlarsa, bu "yansıma bölgelerindeki" durum ne olacak? Şimdilik petrol oyunu büyük endişelere ve feryatlara yol açmadı. Sanayileşmiş olanların ekonomileri, üç büyük kriz sonrasında, 1973, 1979 ve 1990, görece bu bağımlılığı hafifletebildi. Enerji tasarruf eden üretim yöntemleri, bu arada özellikle nakliyede yeni tasarruf biçimlerinin geliştirilebilmesi, daha az etkilenebilir bir ekonomi ve sektörlerini ortaya çıkardı. Bu, bir korunma güdüsünün sonucu oldu.

Aynı şey azgelişmişler için söz konusu değildir. Türkiye bir örnek. Bu ülkelerdeki sanayileşme, petrole bağımlılığı arttırdı. Büyüdükçe, petrol talebi de yoğunluk kazandı. Özellikle de nakliye araçları, otomobil başta olmak üzere, sanayileşmenin cilvesini açıkça sahneye çıkardı: Büyüdükçe, yaralanabilir hale geliyordunuz.

Meksika, Venezüella gibi bir-iki örnek dışarıda bırakılırsa, petrol fiyatlarındaki artış, yine daha az gelişebilenleri vurmayı sürdürüyor.

Ne yapılabilir? Bunalımdan çıkış için değil de, bunalımın etkisini sınırlamak için ne yapılabilir? Böyle düşünülüyor. Ancak bu sınırlama eylemi, yine "kuzey" ile sınırlıdır.

Tersine arayışlar var.

Petrol üreten ülkeler, uzun süre çok düşük seyreden petrol fiyatları nedeniyle yatırımlarını ihmal etmişlerdi. Şimdi, son dönemde artan gelirleri nedeniyle, bu eksikliklerini gidermeye çalışacaklar. Yani yatırım mallarına yönelik talepleri artacak.

Yatırım malları üreten sektörler, bu dünyanın güneyinde değil, kuzeyinde, yani yoksullarında değil, zenginlerinde uzanıyor.

Yatırım talebindeki artış, petrol fiyatlarındaki sıçrama nedeniyle ithalat hacmi büyüyen sanayileşmiş ülkeleri ilk aşamada şaşırtıyor, ama hemen ardından bu etkiyi dengeleyebilecek bir başka ferahlama ile karşı karşıya bırakıyor. Petrol geliri artan ülkelerin yüksek teknoloji içeren yatırım mallarına yönelik talebi de artıyor. Bu, sanayileşmiş ülkelerin dış ticaret bilançosunu, son tahlilde olumlu etkileyecektir. Sadece o değil, yeni dönemin teknolojik yapısını da metropollere bağımlı bir süreç haline getirecektir.

Dolayısıyla önümüzdeki dönemde uluslararası piyasalarda ilginç sermaye hareketleri bekleniyor. AB içinde şimdilerde kimse büyük sıkıntıların eşiğinde olduklarını söyleyemiyor. Beklemiyorlar çünkü. Ayrıca petrol sayesinde deflasyon tehlikesinden kurtulduklarını düşünenler de var.

Yani eski oyun, yeni aktörlerle devam ediyor. Bazı kurallar hafifçe rötuşlanıyor, ama sanayileşmişlerin pervasızlığı varlığını koruyor. Nitekim Prag'da, pervasız Avrupa'nın iyi ve sorumlu çocukları, bu nedenle bu oyunu reddetmek üzere bir araya geliyor. Kurulan bariyerleri yıkmaya çalışıyorlar.

Yıkabiliyorlar mı?

Ne önemi var?

En azından bu oyuna ortak olmadıklarını, güç hesabı da yapmaksızın, ilan edebiliyorlar.

Bazen bu bile, bir nefes alma gerekçesi değil midir?

29 Eylül 2000

Büyüyen Almanya'ya sorulmayan sorular

Ortak görüşleri şudur: İki Almanya'nın, yani Federal Almanya ile Demokratik Alman Cumhuriyeti'nin birleşmesi iyi oldu. Gerçi doğudakilerle göçmenlerin pek işine yaradığını söyleyen yok, ama iyi olmadığını söyleyen hiç yok. Siyaset sınıfı böyle.

"Arka bahçedekiler" ve dargelirliler için de aynı şey geçerli.

Arka bahçe, herhalde, Polonya ve Çek Cumhuriyeti ile başlayarak İran'a kadar uzanan bir coğrafyanın yeni zamanlardaki kaderidir. Siyasetbilimcilerin, eğilimlere bakarak ve güncel siyasal polemiklerin dışında kalmaya çalışarak çıkardığı sonuçlardan biri de, Fransa başta olmak üzere AB ülkelerinin, yeni ve büyük Almanya karşısındaki yerlerinin ABD karşısındaki Kanada'yı andırdığı yönünde.

Bunun ve "arka bahçe" saptamasının, büyük ölçüde gerçeği yansıttığı kabul edilmek gerekir.

Ama "şeytanın gör dediği nokta" burası değil. Bir tuhaf durum, arka bahçedeki tasnif ve bu tasnifteki ülkelerin tutumundan çıkıyor. "Arka bahçe" sakinleri, gerçi Balkanlar'a bakıldığında pek de sakin oldukları söylenemez ama, iki Almanya'nın birleşmesinden yana ve pek de memnun olduklarını her fırsatta ilan ediyorlar. Doğu eyaletlerindeki halk da, bir eğilim olarak ve hâlâ, birleşmeden yana.

İyi.

Göçmenler ise, büyümüş Almanya'nın sevincini yeterince yaşadı ve yaşamayı sürdürüyor.

O da iyi.

İyi ama, en iyimser ve taraflı kesimlerin bile açıkça kaybedenler arasında gördüğü, Polonya-İran kuşağındaki arka bahçe sakinleri ile göçmenler, bu birliği neden bu kadar çok istedi?

İstiyorlar ve kaybediyorlar. Herhalde şu soru da kafalarında dönüp duruyordur: Herkesin ısrarla taraf olduğu bu dönüşüm, refahın eşit dağılmasını niçin sağlayamıyor?

Bu sorunun kolay bir yanıtı yok. Ancak ekonomik büyümenin çeperleri hızla yer değiştiriyor. Henüz 2000 yılı rakamları açıklanmadı, bu nedenle şimdilik 1999'a bakılabilir. Büyük Almanya'nın geçen yılki gayrı safi yurtiçi hasılası 3 trilyon 845 milyar mark oldu. Aynı Almanya, yine geçen yıl, dünya ölçeğinde 1 trilyon 141 milyar marklık mal ve hizmet pazarlayabildi. Türkiye'nin önceki yıl 26 milyar dolar civarındaki ihracat rakamıyla karşılaştırmaya herhalde pek gerek yok.

Sadece bu iki rakam bile bir ekonomik deve işaret ediyor. Belki de bu şişkinlik, içerdeki ve dışardaki iyimser hesapları, yani "komşuda pişer, bize de düşer" beklentilerini besliyordur. Olabilir. Korku da büyüyor olabilir.

16 milyonluk ilave bir nüfusun, Demokratik Alman Cumhuriyeti'nin getirdiği ivme, bu ağırlığın çok üzerinde oldu.

Ama hangi fiyatla? Almanya'nın önde gelen ekonomik araştırmalar kurumu Ifo'nun Başkanı Hans-Werner Sinn'e göre, birleşme, ekonomik bir başarısızlık. Çünkü hâlâ doğuda harcanan her 3 markın 1'i batıdan geliyor. Yani transfer harcamaları sürüyor.

Burada sorulması gereken, değirmenin suyunun nereden geldiğidir. Birleşme için Bonn ve şimdi de Berlin'in yaptığı 1.2 trilyon marklık kamu harcaması, acaba nasıl finanse edilebildi? Bu, açıkça sorulmuş değildir. Yanıtı herkesi ilgilendiren, ama kimsenin duymak istemediği bir soru.

Mantık da budur. Yani birleşmenin, Federal Almanya ekonomisindeki dengesizlikleri, doğu-batı eşitsizliğine taşımış olmasında, iktisat mantığı açısından şaşılacak bir yan yoktu. "Serbest piyasa ekonomisinde", ülkeler, bölgeler, sektörler ve diğer iktisadi birimler arasında eşitsiz gelişme yasası yürürlüktedir.

Dolayısıyla büyüyen Almanya çerçevesinde saptanan bütün aksaklıklar, bilinen ve görmezlikten gelinen bir yasanın onayı gibidir.

Yine de asıl soru şudur: Bu büyük girişimi, büyük Almanya, kimler finanse etmiştir? Birleşmeyi gerçekleştiren değerler, nereden kaynaklanıyor ve kime ait?

Bu sorunun daha uzun bir süre sorulacağını gösteren herhangi bir işaret yok. Tek tek soran elbette var, hepsi o. Belki de bunun toplumsal bir sorgulamaya dönüşmesi için, ciddi krizlerin patlaması gerekiyor.

Ama aydın, ki iktisatta da böyledir ve o yüzden iktisat mesleğinden çok az aydın çıkar, birbiriyle temelinden çelişen iki şeyi aynı anda isteyemeyeceğini bilen insan demektir. "Almanya birleşsin, ama azgelişmiş ülkeler, komşular, ülke içindeki göçmenler ve dar gelirliler bundan zararlı çıkmasın" demek, aydın tanımının başından reddedilmesi anlamına geliyor.

Ama dedik ya: İktisat, içinden "istisnai sıklıkta" aydın çıkarabilen bir meslektir.

Almanya birleşti, pahalıya maloldu ve daha da olacak, ama galiba bu tarihsel dönüşümün asıl önemi, bir büyük kıtlığı ortaya çıkarmasında yatıyor: Aydın.

6 Ekim 2000

Yugoslav Sevr'i: Neoliberal saldırı

Her şey çok açık yazılıyor ve söyleniyor artık. Bir on yıl önce ağza alınmayacak şeyler, ajanslardan dünyaya yayılabiliyor. Bu pervasızlığın ardında, bir pazar savaşımı yatıyor olmalı. Belki de yaklaşan bir paylaşım savaşına, acele ve avantajlı başlama hırsıdır.

Bu, ne demek? Bu, şu demek: Böyle bir hırs veya endişe olmasa ve toplumlar artık her türlü ahlaksızlığa alıştırılmış bulunmasa, bir ülkenin en yetkili ağızları, nasıl bir başka ülkedeki "demokrasi güçlerini" el altından "beslediklerini" açıklayabilirler?

"Der Spiegel" ve sonrasında da ajanslardan dünyaya yayılan bilgilere göre, en az 20 milyon marklık bir para geçen yılın sonundan beri Yugoslavya'daki muhalefet güçlerine gizlice aktarılmış bulunuyor. Almanya'nın yeşil renkli Dışişleri Bakanı için bu, olağan bir görev ve hatta bir Alman için tarihinden gelen bir yükümlülüktü.

Bu gizli yardımların, basına sızdırıldığı kadar küçük olduğunu düşünmek, kolaycılık sayılmalıdır. İlan edilen miktar, aslında bir "halk ayaklanmasının" ihtişamına gölge düşürebilecek düzeydeydi. Ama bu, eskidendi. Şimdi öyle bir korku bulunmuyor.

Demek ki, kızılhaç, kardeş şehir anlaşmaları ve özellikle de medya ile gazeteciler üzerinden yapılan yardımlarla, bir demokrasi devrimi örgütlenebiliyor. Bir yabancı ülkede iktidar alaşağı edilebiliyor. "Serbest pazar ekonomisi devrimi", bu tür serbest ve gizli yardımlarla gerçekleştirilen bir şey olmalı. Ama bu, neresinden bakılırsa bakılsın, yabancı bir ülkenin içişlerine müdahaledir. Muhalefeti kendi çıkarlarınız doğrultusunda "yemlemektir." Bunların hepsi olabilir. Küreselleşme, bu yolu gerektiriyor olmalı. Öyle.

İyi de, neden? Yani, 13 yıl sonra, Miloşeviç'in, korkunç bir canavar olduğu propagandalarının böyle yayılması neden? Bir yıldır inanılmaz bir propaganda savaşı ilan edilmiş durumda. Bu propagandaların altında kimler kalıyor?

Miloşeviç, kimi çevrelere ve özellikle de büyük sermayeye göre, Avrupa'daki son "sosyalist kalıntı", şimdilerde ısrarla bir milliyetçi şeytan olarak sunuluyor; tamam, anladık, fakat, ne yaptı da bu kadar tepkiyi topladı?

Son 8 yılda giderek dozu yükselen bir ısrarla likide edilmeye çalışılan bu politikacının günahları nelerdi? Sırp acısını dile getirdiği ve ülkesini paramparça olmaktan kurtarmaya çalıştığı için mi suçluydu? Herhalde önemli hataları vardı ve 26 yaşındaki oğlu Marko'nun, ülkenin en zenginleri arasında sayılmasını gerektirecek iktisadi faaliyetine bakılacak olursa, pek öyle "komünist" olduğu da söylenemez. Diskotek işleten, tüccar Marko ile Turgut Özal'ın veya Süleyman Demirel'in "mahdum ve yakınları" arasında ne farklar var acaba?

Miloşeviç'in neden bu cezalara layık görüldüğü konusunda Batı basınında da açıklayıcı, ikna edici bir bilgi bulmak mümkün değil. Sadece ağır bir küfür ve propaganda kampanyası hüküm sürüyor. Elbette Miloşeviç'in bir melek olduğunu düşünmek, doğru değildir. Ama bir şeytan olduğunu düşünmek için de ortada somut bir neden yok.

Yine de, Avrupa başkentleri arasında öncelikle Berlin'in, yeni iktidara yaptığı yardımları, daha yeni başkan yemin etmeden kamuoyuna duyurması, anlamlıdır. Paris, Londra, Brüksel, Roma, acaba neler yaptı? Washington ne düzeyde kaldı? Herhalde bunlar da zamanla açıklanır? Umut fakirin ekmeği ya...

Avrupa'dan solculuk ve sosyalizmin, bırakın kendisini, adını bile kazımaya yeminli politikacıların, nazizmin yenilgisinden sonra, hep "demokrat" çevrelerden çıkması, küreselleşmenin sağladığı bir yenilik olarak görülebilir. Bizler için bu yeni bir şey değil. Türk yenilikçiliğinin tarihi, "boyalı" basının irili ufaklı yöneticilerine bir göz atılsa yeter, bunların "dökülen" tarihidir.

Avrupa ekonomisinin entegrasyon hızı, topluma ve kamu ekonomisine öncelik tanıyan, sosyalizan, yani kamuyu öne çıkaran her türlü politik ve iktisadi tutumun, iktidarın, örgütün vs yerle bir edilmesini gerektiriyor.

Küreselleşmenin demokrasi getireceğine inananlar için iyi bir örnek olmalı: Paralı askerler, özellikle de medya üzerinden "yemlenen" politikacılarla halkı iyice işlemek ve sonra da ambargo altında bombalanarak ortaçağa itilen bir ülkede, diyelim Yugoslavya'da, uygun bir zamanda ekonomik güçlüklerin biriktirdiği toplumsal öfkeyi iktidara kanalize etmek. Ama halkın acıları artarak sürerken de "beslemelerin" marklarını eksik etmemek ve el altından para yağdırmak.

Elinde hiçbir somut kanıt olmadan, "nal şeklinde" etnik bir temizlik planı olduğu iddialarıyla bir ülkenin bombalanmasını emretmek de, küreselleşme hümanizmi olmalı. Belki, halka medya üzerinden seslenerek, beslenen muhalefete iktidar şansı verilirse, ülkeye avro yağdırılacağı, dış yardım ve yatırımlarla Avrupa ekonomisine geçiş yapılacağı ve herkesin "yüzüne kan geleceği" vaadleri de bir hümanizmdir. Ama bu oyunlara, politikaya aşırı yakın olduğu söylenemeyecek ve dünyanın en çok okunan romancılarından Johannes Mario Simmel bile "Pes artık!" demek zorunda kaldı ve Kosova bombardımanı kararını alan bir sosyal demokratın, sosyal demokrasiyle hiçbir ilgisi olamayacağını birkaç hafta önce "Tagesspiegel" gazetesinde bağırdı. Ömrünün akşamında.

Belki de Türkiye ve bu arada da Avrupa, çoktan 100 yıllık bir karanlığın içindedir. İsviçreli bir aydının, Jean Ziegler, utanarak söylediğini yüksek sesle tekrarlamak mümkün: Aydının öldüğü, her türlü çirkinliğin gu[illegible]de sergilendiği bu "Yeni Dünya Düzeni"nde, halkınızın acılarını ancak dünya sistemindeki egemen güçlerin izin verdiği ölçüler içinde dile getirebilirsiniz. Onların izin verdiği sınırlar içinde çözüm arayabilirsiniz. Onların çıkarlarını zedelemeyecek kadar "ileri-ci" olabilirsiniz.

Görünen o ki, Yugoslavya anakronik bir Sevr'in başarısına takılıp düştü. Avrupa ekonomisinin entegrasyon planları ve AB'nin güneye ve doğuya genişleme planlarını, kamu ağırlıklı, Avrupa ekonomisine tam bağımlı olmayan yapısıyla Yugoslav ekonomisi rahatsız ediyordu. Bölüyordu. Orta ve Güney Avrupa'yı birbirine bağlayan bölgedeki bir egemenlik bitti. Yağdırılacak avrolarla, özelleştirmeler ve dümdüz edilen sanayi kuruluşlarıyla, neoliberal saldırı 10 yılı aşkın bir faaliyet sonrasında Balkanlar'da sahneye yerleşmiş bulunuyor.

Galiba bütün senaryo, bu.

13 Ekim 2000

Burası ve orası

Eskiden dillerden düşmezdi. Şimdilerde nedense pek telaffuz edilmez oldu. Bir nedeni küreselleşme olabilir. Bir tehlikenin, küresel düzeyde bertaraf edildiğine inanılınca, bazı eski silahlara gerek kalmıyor. Herhalde.

Ama toplumların bölünmesi de sürüyor; biri, zenginler ile yoksullar arasındaki mesafedir. Son 20 yıllık neoliberal saldırı çerçevesinde bakılınca, doğrusu bu alanda epey mesafe alındığı söylenebilir. Bu mesafe, insanları daha makul olmaya itiyor da olabilir. Bu, ne demektir?

Bu, herhalde, şu demektir: Soğuk Savaş yıllarında, "komünizm tehlikesine" karşı bir panzehir olarak sahneye sürülen "sosyal piyasa ekonomisi", artık eski önemini yitirmiştir. En azından eskisi kadar yararlı olmadığını düşünenlerin sayısı artıyor. Ama toplumları, halkları birbirinden ayıran değil, bunları içinden ve boydan boya yaran dikey sınır çizgileri, bazı pervasızlıkların da kaynağı olabiliyor.

Örneğin, 1993 ile 1999 yılları arasında Federal Almanya Merkez Bankası'nı yöneten Hans Tietmeyer, bazı şeylerin yetersiz kaldığını kabul edenlerden. Bu nedenle olmalı, Alman Merkez Bankası'nın eski başkanı, sosyal güvenlik sisteminin sağlamlığı üzerinde yükselen "sosyal piyasa ekonomisi"nin yenilenmesine yönelik bir girişimin de öncüsü: Sosyal piyasa ekonomisinin içerdiği sosyal güvenlik vurgusundan rahatsızlığını gizlemiyor.

Yoksul sayısının arttığı bu dünyanın en zenginleri arasındaki bir ülkede, merkez bankasını yıllarca yönetmiş bir "ekonomist", sosyal güvenlik vurgusunu, açık bir dille reddetmeyi, ideoloji olarak öneriyor.

Tietmeyer, küreselleşme ile gelen rekabet baskısının, yani "komşum veya diğerleri benden ucuza üretebilir" korkusunun, yeni koşullar yaratarak göğüslenmesinden yanadır. Nitekim geçtiğimiz günlerde bir Berlin gazetesine verdiği ayrıntılı demeçte, açıkça halkın beynine yeni bir ideolojinin, yeni bir bilincin yerleştirilmesini istedi. Güçlendirilmesini istediği o bilinç, "bize reform gerekli" sözleriyle özetlenebilir.

Biliyoruz ki, son 20 yılda, özellikle de 1990'dan sonra, reform sözcüğü açıkça sosyal kazanımların geri alınma sürecine verilen bir isim ve çalışan sınıfların sırtını ürperten bir etiket oldu. Ama önemli olan bu değil. Önemli olan, bu bilinç arayışının hangi ortamda gündeme geldiğidir. Bir başka toplumsal sistem korkusunun 1989'dan bu yana iyice azalmasıyla birlikte, bürokratik şişkinlik ve aşırı büyümüş sosyal devletten şikayetler, sahnedeki yerini almış durumdadır.

Sosyal devletin finanse edilemeyeceğini haykırmak, "yeni sosyal piyasa ekonomisi" demek olmalı. Böyledir. Boyutları aşırı büyümüş bir sosyal devlet korkusu, Avrupa başkentlerinde yeniden yayılıyor ve bütün sorun da buradan çıkıyor. Bu, Tietmeyer ve arkadaşlarına göre, "aşırı şişmiş" sosyal devlet olgusu karşısında, ekonomistler çaresiz, çünkü anlaşıldığı kadarıyla, çalışan milyonlar, sosyal güvenlik alanındaki kazanımlarından daha fazla fedakarlık etmeye yanaşmıyorlar.

Tietmeyer de bunu söylüyor. İlaç öneriyor: Halka yeni bir bilinç aşılanmalı ve reform gerekliliği, bu bilincin temelini oluşturmalıdır. Ama olmuyor. Çalışan insanlar, yoksullaşmanın bir başka adı olan bu tür arayışlara kolay kolay yüz vermiyorlar.

Yine de reel ekonomi, her zaman eşitsiz ve dengesiz gelişen bir süreçler bütünü demektir. Herhangi bir metropolde bu tür şikayetler ayyuka çıkarken, görece daha az gelişmiş bir başka ekonomide, bu kadar şişkin olmayan sosyal güvenlik sistemi sayesinde çok daha ucuza mal olan bir üretim yapısı kurulabiliyor. Rahatsızlığın temel nedenlerinden biri, budur: "Hain komşu" korkusu.

Hans Tietmeyer, Avrupa ekonomilerinin de artık kimseye bir "refah garantisi veremeyeceğini" açıkça ilan ediyor. Aslında toplumların, böyle bir bilinçle, yani insanların eşit doğmadığı ve eşit de yaşayamayacağı bilinci ya da "ideolojisiyle" donanmış yeni seçkinlerin yönetimine hazırlanması öneriliyor.

Toplumların yüzde 10'luk bir kesiminden kopup gelen zengin veya zenginliğe aday yeni "güçlülerin", yeni süpermenlerin, kaygan bir toplumsal zeminde daha etkili olabilmeleri için, halkın reform bilinciyle, yani "eşitsizlik ve sosyal güvensizlik iyidir" damgasını bizzat kendi beynine kazıması şart.

Dijital oyuncaklarla, bilgisayar başta olmak üzere, istediği gibi oynayabilen yeni seçkinler sınıfının, son çözümlemede bir kumarbazın küçük beynine yakışacak o dar ufkuyla insanlığın ve dünyanın tarihine egemen olması isteniyor. Bu, olabilir mi?

Şu, açık. Burada Tietmeyer, böyle şeyler söylüyor. Almanya'da özel reklam kampanyaları düzenleyerek piyasaya giren bir bankanın sorumlusu, Murat Demirel, Türkiye'de konuştukça sistem çatırdıyor.

Ama Almanya'nın eski başbakanı Helmut Kohl, kara hesaplar ve yasadışı bağışlarla burada hiç mi bir şey çatırdatamamıştı? Bizdeki kadar değil. Tamam.

Tamam da, "bunların" önerdiğini, "burada" değil, "bizim oralarda" uygulamaya kalkanların "makus talihi" mi yoksa şu sahnedeki?..

27 Ekim 2001

Büyük yağma

Doğru olmayan şeyler var. Belki de bu yüzden hemen slogan halini alıyor ve kolayca da üzerinde görüş birliği sağlanmış doğrular olarak sunulabiliyor. Biri, ekonominin liberalleştikçe, tabii bu arada da "özelleştirildikçe", saydam ve kavranabilir bir yapı gösterdiğidir.

Hiç değil.

Ekonomilerin giderek daha "saydam", yani bünyesi kolay gözlenip kavranabilen bir yapıya kavuştuğu iddiası, diyelim, bir iyimserliktir. Eğer iyimserlik değilse de ideolojik bir inattır. Dev şirketlerin birleşmesi, özelleştirmeler, ekonominin ve işletme yönetimlerinin, toplum önünde daha net bir hesap çıkarabildiklerini mi gösteriyor?

Karmaşa, zaman zaman kargaşaya dönüşebiliyor. Doğrusu, bugün ekonomilerin işleyiş mekanizmalarını çıplak gözle izlemek neredeyse mümkün değil.

Girdi ve çıktılar, ürün ve gelir dağılımı hangi kanallardan geçiyor? Bunu dev şirketlerin yönetim kademelerinin bile pek iyi bildiği söylenemez.

İki örnek verilebilir. Biri, Almanya Başbakanı Gerhard Schröder'in Alman silah sanayiinin önde gelen yöneticileriyle kısa süre önce yaptığı ve basına "Başbakan, Alman silah şirketlerini en ön sıraya yerleştirmek istiyor" altbaşlıklarıyla yansıyan toplantı olabilir. Bu tür girişimlerin, özellikle sol kanat politikacıların eleştirisiyle karşılanacağı açık. Ancak çok önemli değil.

Önemli olan, bir ülkenin en üst düzey sorumlusunun, Krauss

Maffei-Wegmann, Rheinmetall, Diehl, Babcock, Borsig, Thyssen Krupp gibi devlerle oturup, yeni adımlar atarak uluslararası alanda ve özellikle de Avrupa'da liderliğe oynama stratejisini açıkça konuşma ihtiyacı duymasıdır. Bu ihtiyacı doğuran önemli eksikliklerden biri ve belki de birincisi, sanayinin hangi ölçülerde yaygın olduğuna yönelik bilgisizliktir. Şirketler büyüdükçe, hele hele "savunma sanayii" gibi kritik bir sektörde, üstbakış da yitiriliyor. Büyüme, kapatıyor. Daha doğru bir ifadeyle, "saklıyor".

Şirketler, cirolarındaki patlamayla birlikte öylesine dallanıp budaklanıyor ki, bu iç içe geçmişliğin altından uzmanlar bile kalkamıyor. "Liberalleşen" ekonomi, tarihte eşine az rastlanır bir merkezileşme, yoğunlaşma ve dağılma haritası çiziyor. Schröder'in şirketlerin yapılarını anlayabilmesi olanaksız, ama aynı şey Blair ve Jospin için de söz konusu değil mi? Bill Clinton, uzmanlarından, Amerikan şirketlerinin dünya ekonomisinin nerelerinde ve ne ölçülerde, hangi hedeflerle faaliyette bulunduğunun saptanmasını isteyebilir. Ama gelen verilerin gerçeği ne kadar yansıttığı ve bunu da Clinton başta olmak üzere siyaset sınıfının ne kadar anlayabileceği, bir başka sorudur. Bu "arap saçı" hali, sevimsiz sonuçlar yaratabilir.

Sosyalist bir tehlikenin sahnede yer almadığı yeni dünya düzeninde, ki isteyen buna "yeni ekonomi" de diyebilir, niye olmasın, büyük şirketler o denli yoğun bir rüşvet politikası izliyor ve bunu o denli ustaca saklıyor ki, sistemin sarsılmasından korkulduğu için "Transparency International" gibi sivil saydamlık kurumları bile "ihdas ediliyor." Yine de pek başarılı olunduğu söylenemez.

Serbest piyasa ekonomisi geliştikçe, daha doğru bir ifadeyle kapitalizm yayıldıkça, kavranması da güçleşiyor. Bu, birşeyleri saklama ihtiyacından doğuyor. "Demokratik kurumların", bu kargaşanın engellenmesine yönelik önerileri herhangi bir çözüm getirmekten uzak. Büyüyen her ekonomi, her şirket, algılanması güç boyutlar kazanıyor.

Ekonomi, kimi çevrelere göre, özelleştirildikçe demokratikleştiriliyor, ama demokratikleştirildikçe de anlaşılmaz oluyor. Neoliberal masallarla "telkin edilmeye" çalışılanların tam tersine bir gelişme bu. Yalan ve gizlilik, sistemin temel gıdası: Piyasa, serbestleştikçe, yani kamu denetiminden çeşitli yollarla kaçmayı başardıkça, toplumun üzerinde sallanan keskin bir kılıca dönüşüyor.

Bu kılıç, serbest piyasa ekonomisi denilen çarkta, zaman zaman karşımıza "tazminat" adıyla da çıkıyor. Bir örnek Vodafone'un Mannesmann'ı devralırken yöneticilere dağıttığı 1 milyar marktır. Bu para "transaksiyon parası" başlığı altında kayıtlara geçiyor. Ama neden bu milyarlar dönüyor? Üstelik çalışanlara da verilmiyor, "manager" tayfasına veriliyor.

Bu sınıf ne biliyor bu kadar ki, bu kadar pahalıya mal olabiliyor?

Neyse, bütün bunların başka birçok nedeni vardır. Ama herhalde bunlar içinde en önemlisi, bu dev şirketlerin hiç de saydam bir yapısı olmadığının ilan edilmesi ve "köşe bucağın" zamanında denetim altına alınması için ödemeler yapılmasıdır. Ayrıca, daha karmaşık işlere girişirken, bir çevre düzenlemesine gidilmesi gerekiyor da olabilir.

Almanya ile Türkiye arasında, nitel bir farklılık yok. Sadece, zaman zaman yağlı bir şark bayağılığı ile sermaye birikiminin cılızlığından doğan kabalıklara, "bizim oralarda" daha sık rastladığımız doğrudur.

Ama bu da, nitel değil, nicel bir şeydir. Seviyesizlik.

3 Kasım 2000

“Hortumlayanlar” ve gazetecileri

Türk medyasının, özelleştirme denilen son “facia”da üstlendiği rol, nasıl değerlendirilebilir? Avrupa’dan bakınca örneğin?...

Bir gereklilik mi, yoksa istisnai ve sadece Türkiye’ye özgü bir çirkinlikler müsameresi mi?

Küreselleşme, deniliyor. Bu, yeni bir olgu değil; kapitalizmin bir dünya sistemi olmasıyla doğrudan ilintili ve en azından son 200 yıldır hızlanarak devam eden bir süreç. Şimdilerde daha da hızlandığı söylenebilir, ama bu nitel değil, nicel bir farktır. Sonuçları var. Birçok alanda içten içe veya açıktan açığa işleyen sonuçları var.

Televizyonlar, radyolar ve gazeteler, kısaca medya, bir iç içe geçme sürecinin ürünü olarak inanılmaz şişkinlikler gösteriyor. Bunun sağlıksız olduğunu düşünenler de var, sağlıklı olduğunu düşünenler de... Bakış açısına bağlı...

Ama medya tarafsızlığının bir masal olduğu artık iyice ortaya çıkmış sayılmalıdır. Ezici çoğunluk, bu tiyatronun devamından ve çıkar sağlamaktan yana. Küçük, çok küçük bir azınlık ise insanlık idealleri uğruna mücadele edilmesini istiyor. Ortada, taraflar var. İktisat gazetecilerinden örnek verilebilir. Medyanın bu şişkinliği, yani inanılmaz ciro ve kârların nesnesi haline gelmesi, bünyesinde köklü dönüşümleri de beraberinde getirdi. Medyanın yeni kuşak yapıcıları, eski kuşaklardan farklılaştılar. Kapasiteleri, ölçüleri büyüdü, sorumlulukları ve çalışanlara ödediği ücretler de büyüdü. En çok da patron ve çalışanların pervasızlığı büyüdü. Ama alınan paralarla birlikte sorumluluk, yani topluma her şeyi bütün çıplaklığı ile aktarma görevi, aynı şekilde büyümedi.

Bu, sadece Türkiye'de yaşanmış değildir. Türkiye gibi ülkeler, bu zorunluluğu, metropollerden satın aldıkları televizyon için stüdyo gereçleri, baskı makineleri ve diğer medya araçlarının yayını için kullanılan araçlarla bir kez daha hissetti. Teknoloji ile birlikte ahlak da ithal edilmiş oldu. Ancak öncelik, bu girişe hazır bekleyen iç pazardadır.

Türk medyasının bugün bir Fransız veya Alman ya da İngiliz basınından, nitel bir farklılık içinde olduğunu söylemek gerçekten de mümkün değildir. Örneğin bir türlü 4 milyon sınırını aşamayan satış rakamlarıyla, Türk gazeteciliği, her şeyi dışardan getirdi. Baskı makinelerini, bilgisayar ağlarını, yayın araçlarını vs... Ama bu sektörde ne kadar bayağılık varsa, onu da dışardan öğrendi. Elbette kendisi de bu süreçte bazı "yaratıcı" katkılarda bulundu.

Büyüyen işlem hacimleri, artan maliyetler ve şişen reklam gelirleri, sayısı artmayan okur karşısında, medyada her nasılsa bir yer edinebilmiş yetenekli isimleri de zaman içinde "üçkağıtçı" yaptı. Kelimenin bütün anlamında bu "yeniler", içlerinden bazıları zaman zaman insanlığını hatırlamayı ve sorumluluğundan korkmayı başarsa da, kendisini "namuslu gazeteci" diye pazarlayabiliyor.

Bunlar neden oldu?

Erken bazı sonuçlar çıkarılabilir. Bazı suçüstü durumlarla: Patronu devletten alınan, ki buna dünyanın her yerinden özelleştirme denir, bir bankayı boşaltmış en çok satan renkli gazete patronu ile onun yayın yönetmeni, adları çok da önemli değil, kendi karanlık ilişkilerini, acaba tek başlarına yürütebilirler miydi?

Gerçekten de, öyle: Bu tür soygunlar çok taraflı katılımlarla, desteklerle mümkün olabilir. Bu "başarıda", bürokrasi başta olmak üzere her kesimin payı vardır. İyi.

İyi de, bu tür soygunlarda, medyada dürüst diye isim yapmış isimlerin, diyelim çok sevilen ve çevresinde "dürüst, hortumlamaya izin vermez ve yalan söylemez" denilen iktisat gazetecilerinin de payı olamaz mı?

Bu âlemde hissesi olmayana yüksek maaş verilmez. O nedenle "hortumlamaya" karşı mücadele açtığını ilan eden bir iktisat gazetecisi, patronunu korumak için, okurlarının karşısına geçer ve "Benim yazılarıma hiç karışılmadı" şeklinde özetlenebilecek yazılar çıkarabilir. Yazdığı yazılar defalarca patronları ve gazete yönetimi tarafından reddedilen, bu nedenle sürekli bir otosansür uygulayan, bu arada bazı yazıları eğer gözden kaçarak girmişse, ilk baskılarda, apar topar baskı makineleri durdurulup çıkarıldığını bilen, bunlara rağmen, hem de yazılı olarak yalan söyleyebilir. Bu, hortumculara ödenen bir diyet sayılmalıdır.

Özelleştirme ve medyası, çalışanlarını da kendisine benzetiyor. Serbest piyasa ekonomisi, şu çok övülen şey, insanları, böyle yalan seanslarına gönüllü hazırlayan bir sürecin de adıdır. Ama çürüyen gazeteci, Londra, Paris, Berlin veya İstanbul'da, birbirinden ayrı özellikler göstermiyor. Küreselleşme, aslında bu özellikleri her yana yayabiliyor ve çürümemekte direnenleri her yerde ezebiliyor. Onların içinden bazılarını zaman içinde kendine benzetiyor. Belki...

Belki küreselleşmeye değil, "bu küreselleşmeye" karşı çıkmak ve yeni, adil, daha farklı bir küreselleşmenin iktisadi refahı yayabileceğini söylemek daha doğrudur.

Belki de şimdilik sadece derin bir nefes almak ve çürüyenler operasının bu son dönem "gönülsüz" kahramanlarını, örneğin maalesef bir Necati Doğru'yu, kısmen de bir Serdar Turgut'u seyretmek gerekiyor.

10 Kasım 2000

KOB, aslında ne?

Sanıldığı kadar büyük tartışmalara yol açmadı. Avrupa Birliği, geçtiğimiz hafta açıkladığı Katılım Ortaklığı Belgesi (KOB) ile sonuç olarak, zaten bilinenleri tekrarladı. Ankara, ne bekliyorsa, onu buldu. Kıbrıs sorununun, oyuna dahil edileceğini herkes biliyordu. Sürpriz yoktu.

Ama bir şey yine de vardı: Ekonomiye yönelik saptama ve çözüm arayışları. Bu, görmezlikten gelindi. Oysa, Türkiye'nin AB ile tam üyelik görüşmelerine geçmek için gerçekleştirmesi gereken reformlar, KOB'un asıl gerekçesi.

Kısa ve orta vadeli beklentilerin şöyle bir gözden geçirilmesi durumunda, "Neden öne hukuki sorunlar çıkarılıyor da, diğer vurgular arka planda kalıyor?" sorusunu sormak, kolaylaşıyor.

KOB ile Türkiye'ye sistemli bir reform süreci öneriliyor. Bir: İnsan haklarıyla doğrudan ilintili hukuki düzenlemeler. İki: Ekonomiye yönelik yapısal düzenlemeler.

Birincisini bilmeyen kalmamıştı. Türkiye'nin ciddi ve neredeyse kesintisiz bir insan hakları sorunu yaşadığı herkesin malumuydu, ama diğeri ilk kez bu kadar öne çıkıyordu. Tabii, bakmak ve görmek isteyenlere...

KOB, temel bir soruna el atmış ve Türkiye ekonomisinde, kendi ölçülerine göre köklü bir dönüşüm zamanının geldiğini öne çıkarmıştır. Asıl önemli olan budur ve bu, neoklasik saldırı çerçevesinde değerlendirilebilir. Ancak Türkiye ekonomisindeki korkunç durumun, biraz daha verimli bir yapıya kavuşturulmasını şimdi ve bu kadar yüksek sesle istemek, hiç de anlamsız değildir.

Tersinden düşünmek gerekiyor: KOB ile Türkiye'nin bir numaralı gündem maddesinin ekonomi olduğu vurgulanmıştır ve Brüksel, KOB ile Türkiye'nin ana sorunlarını bildiğini ileri sürmüş sayılabilir.

Ekonomi, gerilemesini sürdürüyor ve yapısal bir dönüşümle Avrupa ekonomisine bağlanmak durumundadır. Aranan, bu.

Güneydoğu Anadolu'daki ekonomik yapının iyileştirilmesi, IMF ve Dünya Bankası'nın onayladığı anti-enflasyonist yapısal reform programının uygulanmasındaki kararlılık, harcamaların kontrol altına alınmasını istemek... Bunların bir anlamı olmalıdır.

Ülkede özelleştirme, bir "hortumlama" yöntemi olarak kitlelere mal olur ve tarihe geçerken, kamu mallarının daha fazla, daha hızlı özelleştirilmesini talep etmek, mali sektörde şeffaflık, enerjiden rekabet koşullarına, mali denetim fonksiyonlarından gümrük düzenlemelerine kadar akla gelebilecek her alandaki eksiklikler KOB'un kısa va orta vadeli hedefler listesinde yer alıyor.

Bu, ne demektir? Bu, bir ekonominin, AB için verimli olmadığını, mevcut yapısıyla çöküntünün eşiğinde bulunduğunu ve hızla "liberalleşmesi" gerektiğini haykırmaktır.

KOB, ağır bir buhran içinde bulunan Türkiye ekonomisine yönelik yanlış bir reçete olarak görülebilir. Reçetenin yanlışlığı nereden bakıldığıyla yakından ilintili. Ama çok da önemli değil.

Önemli olan "ağır kriz" teşhisidir ve bu teşhisten hareketle önerilen ilaçlardır. En önemlisi de, bu ekonominin ciddi bir biçimde sağlıklı veriler üretmesi gerektiği yolundaki hatırlatmadır.

Eğer Türkiye'nin dışişleri bakanı bile, açıkça, ülkesindeki kayıtlara girmiş ekonominin en az kendisi kadar daha kayıtlara geçmeyen bir ikiz kardeşi olduğunu hatırlatıyorsa, bu işin boyutları sanıldığından da büyük ve Avrupa başkentleri için de korkulu bir rüya demektir.

Ama bunlar önemli değil. Önemli olan, KOB ile büyük bir açığa ve delik deşik bir ekonomiye yapılan vurgu ile önerilen aspirin tedavisidir. Bir, bu var. Bir de, bu ekonominin, Türkiye ekonomisinin, AB ve özellikle de Alman ekonomisinin bir parçası olduğu vurgusu.

O nedenle Almanya'nın en itibarlı iktisatçılarından birinin, Ifo Başkanı Prof. Hans-Werner Sinn, son vurguları sanıldığından çok daha önemlidir. Muhafazakar görüşleriyle ünlü Sinn, Cumhuriyet'e yaptığı açıklamalarında, Türkiye'nin Alman Markı açısından ve avro cinsinden önemine işaret ederken, 2002 ile birlikte bir büyük dönüşüm yaşanabileceğine de dikkat çekmiş sayılabilir. Kendisi böyle söylemese bile, eğer Almanya dışındaki markların "esaslı" bir bölümü Türkiye'de dolaşımda ise, bunu Avrupa Türkleri ile birleştirmek ve avronun kayıt dışı ağırlığı yüksek Türkiye ekonomisine getireceği "arınma ivmesini" ciddiye almak doğru olacaktır.

Yani, şu: Kayıt dışı sektörlerin ülke ekonomisinin yarısını oluşturduğu böyle büyük bir bölge ekonomisinin, mevcut ölçüleriyle AB bünyesine alınması mümkün olmayacaktır.

Avronun getirdiği "enselenme tehdidini" ciddiye alan mark sahipleri, avroya geçerken sorun yaşamamak için dolara ve sterline yönelince, sadece Frankfurt'taki Avrupa Merkez Bankası sıkıntıya girmiş olmayacak. Türkiye ekonomisi, yapısal özellikleri ve Almanya merkezli entegre bir büyük ekonomiye bağımlı yapısıyla, acaba önemli çelişkileri de keskinleştirmeye başlamayacak mıdır?

Avroya geçiş süreci öncesinde sahneye çıkarılan KOB'un "babaları", belki de bilmeden böyle bir yaraya parmak basmış oldu.

17 Kasım 2000

Yeni ve tuhaf havuzlar ekonomisi

Avrupa Birliği genişliyor ve adaylar arasında Türkiye de var. Brüksel kararlı. İyi.

İyi de, ne olacak?

13 ülke, biri ve sonuncusu tuhaf bir durumdaki Türkiye, AB üyeliği için en azından yönetim düzeyinde elinden geleni yapıyor. Söylenen bu. Orta Avrupa ülkelerinin şansı ise karşılaştırılamayacak kadar büyük. Çek Cumhuriyeti gibi bir örnek ortada. Ama Güneydoğu Avrupa için aynı şey söylenemiyor. Bu bölge, "AB güneşinden", varsa ve ne kadarsa, doğrusu uzunca bir süre daha yararlanamayacak.

Siyasal koşullar bir yana, ekonomide yerine getirilmesi gereken koşullar da bulunuyor. Ayrıca AB içi rekabete direnebilme koşulu da bir başka iş.

"Eurostat" rakamları, en şanslı adayı ilan etti bile: "Kıbrıs". Bununla anlatılmak istenen, adanın güney kesimidir. Pratikte, böyle.

Neden?

Basit bir gerekçeyle: AB'de kişi başına düşen gayri safi yurtiçi hasıla (GSYİH) karşısında, adaylar arasında en iyi durumda bulunan ülke, Kıbrıs Rum Kesimi. AB ortalaması 100 iken, Kıbrıs Rum Kesimi, bunun yüzde 81'ine sahip. Onu yüzde 71 ile Slovenya ve yüzde 59 ile de Çek Cumhuriyeti izliyor.

Türkiye, bu tablo içinde hiç de iç açıcı bir yerde bulunmuyor. Yüzde

28 ile çok gerilerde ve sadece son 3 sırayı işgal eden Letonya (yüzde 27), Romanya (yüzde 27), Bulgaristan (yüzde 22) gibi ülkelerin önündedir.

Siyasal öncelikler ve Birlik "müktesebatı" bir yana, aday ülkelerin fiyatlar, özel mülkiyet hakları, dış ticaret konularında "sigaya çekilmesi" gerekiyor. Zaten de çekiliyorlar. Bütün bunlar var. Ama Brüksel'i en çok meşgul eden konular arasında, adayların bilinen verileri değil, bilinmeyenleri dikkat çekiyor. Yolsuzluk ve rüşvetin, GSYİH'ları AB "refah ortalamasının" yüzde 30'una bile ulaşmayan bu ülkelerdeki yaygınlığı, birçok açıdan dünyanın en büyük ekonomik gücünü, yani Brüksel'i korkutuyor.

Koşullar arasına bu da giriyor. Yani aralarında Türkiye'nin de bulunduğu adaylarda "AB içi rekabete dayanabilme" koşulu aranırken, içerde bir başka soruyla karşılaşılıyor. Brüksel, AB başkentlerine, "Bu yolsuzluk dalgasına, yani bu kara rekabete dayanabilir misiniz?" diye soruyor.

İşe, bir de bu yüzünden bakmakta yarar var.

Balkanlar'ın hızla Alman Markı'nı resmi para birimi olarak kabul etmesi, genelde de gayri resmi para birimi olduğunun kabul görmesinin ardında bu sıkıntı yatıyor.

AB, bu adayların kara para kaynağı ekonomilerinden, yani ekonomik deyimiyle kayıt dışı sektörün büyüklüğünden, günlük dildeki karşılığı ile de "mafyanın gücünden" son derece tedirgin.

Kıbrıs'a bakılabilir.

Kuzeydeki gelişmeler bir başka âlem ve doğrusu bu konuda pek öyle derinlemesine araştırmalar yok. Ancak adanın güneyinde, Rum Kesimi, ortodoks dünya açısından bir tür kara para cenneti halini aldı. Ekonomik performansı AB ortalamasına çok yakın bir bölgede, Rus mafyasının gücü, önceki Yugoslav Devlet Başkanı Miloşeviç'in özel ve milyonluk hesapları olduğu yolundaki iddialar, bu ülkenin tuhaf bir havuz halini aldığını gösteriyor.

Bu havuzların sayısı artıyor.

Korkular da.

Biz buna "aday korkusu" diyoruz. Şimdilik.

24 Kasım 2000

'Jet' tipi soygun ekonomisine giriş

Ekonomik yaşam, sıradan bir göz için görülmez, içinden çıkılmaz bir görünüm aldı. Hangi kanallardan oluştuğu belirsiz bir iç ilişkiler mekanizması, kara bir ağ, ortaya çıktı.

Neden?

Çünkü, üretenin, üretimde bulunmak için ihtiyacı olan şeyle ürettiği şey arasında önemli bir fark vardı ve bu "fark" ekonominin de gerekçesiydi. Ama emeğiyle geçinen bir insana, "Sen tükettiğinden daha fazlasını üretmek ve aradaki farkı da bana aktarmak zorundasın" diyebilmek için, cüret sahibi olmak gerek.

Firavunlar, sultanlar, krallar, feodal beyler vs. için sorun basitti. Bunlar ilahi kaynakların da yardımıyla yeryüzünde "gölgelik" yapıyorlardı, efendilik oynama haklarını da soylarından alıyorlardı. Üç aşağı, beş yukarı. İddia buydu. Ama...

Soyla gelen üstünlük, eskilerin "İhtilal-i Kebir" dedikleri 1789 Büyük Fransız Devrimi'nden sonra en azından zorlaştı. Hatta 20'nci yüzyılın ilk çeyreğinde bir ara bu iş, dünyanın 6'da 1'inde tüm "mülk sahipleri" için neredeyse olanaksız hale geldi. Sosyalizm kurulmuştu.

Ekonomideki karmaşık ilişkiler ağı, giriftleşen bir toplumsal yaşamın değil, o var, ama asıl saklama ihtiyacının bir sonucudur. Sıradan insan aklının almayacağı bir kaostan, insan aklının almayacağı maddi zenginliklerin üretilmesi ve bunların sonuçta küçük bir azınlığa aktarılması, ekonominin gizli ve gerçek tanımı olmalıdır. Olabilir.

Ama sorun burada bitmiyor. Çünkü insanlara tarihin en saydam rejiminde, bir tür "devr-i saadet", yani modern zamanların serbest piyasa ekonomisinde yaşadıkları anlatılıyor ve asıl önemlisi, milyarlarca insan, bu saydamlığa, artık ne biçim bir saydamlıksa, adeta iman ediyor. Hiçbir şey anlayamadığı ve acıları dinmediği halde... Akıl, rafa kaldırılıyor.

Bu da olabilir. İyi.

İyi de, peki, çok kabaca, "üçe al, beşe sat" rejiminin, içinde yaşadığımız şu "serbest" piyasa ekonomisinin bu denli karmaşık kanallarda mal ve hizmet üretmesinin başka bir nedeni var mı? Daha doğrusu, neden başka bir nedeni yok?

Yani: Niçin "a" firmasının ürettiği bir malın veya bir birim hizmetin pazarlama süreci, kredi bulma, dağıtım, üretime geçme, ticarete girme vs. gibi kanallarda her türlü seçikliğini yitiriyor? Ekonomiyi herhalde dâhiler yönetmiyor. Açıkça sorulabilir: Acaba serbest piyasa dediğimiz ve hep birlikte üzerinde yükseldiğimiz bu "üretim-tüketim" zinciri, bir avuç "ultra zekalı" yöneticinin mi uhdesinde?

Ekonomi, temelde, son derece basit bir değer üretme ve bu değerin dağılımı süreciyse eğer, bu sürecin aktörleri arasında, üreten ile sahip olan, aşağıdakilerle yukarıdakiler arasında korkunç bir eşitsizlik hüküm sürüyor olmalı.

Bu kadar kaba haksızlıkları, soy-sop vs. tarih içinde kaldığına ve geçersizleştirdiğine göre, başka hangi yöntemle gizleyebilirler ki?

Şunları ekleyebiliriz: Birincisi, son dönemde din ve imanı kullanarak para toplama, şirket kurma yöntemi, sıradan saklayıcı mekanizmaların en azından bazı bölgelerde işlemez olduğunu gösteriyor. Türkiye gibi. O nedenle işin içine sokuluyorlar. Ama ekonomik kriz, zamanla dini gerekçeleri de işlemez kılıyor.

İkincisi, dünyanın önde gelen para merkezleri, IMF, Dünya Bankası başta olmak üzere, bu saklayıcı mekanizmaların fazlasıyla müsrif ve verimsiz olduğuna inandığından, muslukları kapıyor. O nedenle, hortumlanan bankalar, bankacılar ve medyacılar vs sapır sapır dökülüyor.

Jet Fadıl diye bir "işadamı", Avrupa'da kendisine saklanabileceği bir yer arıyor. Çünkü krizle beraber hem kullandığı duygular, din, hem de kendisine destek veren kitle ve dış âlem, sallanmaya başlıyor. Toprak gerçekten de sallanıyor ve depremdeki malum binalar gibi, ekonomi dünyasının da ana direkleri ve yaldızlı perdeleri iniveriyor.

Elbette sadece Türkiye'de değil, dünyanın en zengin ülkelerinde de, Berlin, Washington, bu gizliliğin izleri ve etkisi saptanabiliyor.

Örneğin piyasada birçok Alman Jet Fadıl'ına rastlamak mümkün olabiliyor.

1 Aralık 2000

Suç ortaklığı

Kimse bu işleri tek başına yapmıyor. Tarih içinde iyi şeyler gibi, kötü şeyler de, hep bir ortaklığın ürünü. Hele ekonomide.

Banka hortumlayanlar, medya imparatorları örneğin, boyalı gazete ve ekran satıcıları yani, bu "başarıya" kendi marifetleriyle, yardımsız ve yardımcısız ulaşamıyorlar.

Borsa sistemi gibi, yolsuzlukların da her kademede ve çeşitli ölçülerde ortakları, yardakçıları, yol açıcıları var.

Birileri, birçok çevre, bu alanda açık yardım ve gizli destek sağlıyor. Özellikle serbest piyasa ekonomisi denilen sistemde. Kamu denetiminin hızla kaldırıldığı bu yeni dünya mucizesinin temelinde, yolsuzlukları çeşitli düzey ve düzlemlerde planlayan, mutlaka geniş bir kadro ve kitle tabanı var.

Büyük bir kriz çıkmazsa eğer ortaya, ne kadar çok isim bir yolsuzluğu karışır ve oradan "yemlenirse", o yolsuzluk, o soygun, o kadar başarılı oluyor.

İyi.

Yani bir ülkede, örneğin Avrupa'nın kıyısında, adı açıkça telaffuz da edilebilir, Türkiye'de, hadi ekonomik kategorilerle konuşalım, tüketiciler, "bıçak kemiğe dayandı" diye iş bırakmaya başlamışsa ve bu arada aslında çok da önemli olmayan borsa değerleri tepetakla olup yatırımcılar, daha doğrusu kayıt dışı ekonominin yaratıcısı ve sonucu olarak "vur-kaç sermaye", dışarıya yönelmişse, bu sürecin tek başına Ankara ve İstanbul'daki bir grup "prensin" ürünü olduğu ileri sürülebilir mi?

Küreselleşme, sadece kârın değil, zararın ve sorumlulukların da uluslar üstü bir süreç olması demektir.

Bu da iyi.

İyi de, şu: Eğer Türkiye ekonomisi bir çıkmazdaysa, ülkedeki zenginlikleri, 70 milyonluk bir halkın içinde çırpındığı yoksulluk felaketiyle alay edercesine bir avuç "işadamı"na aktarmanın adresi "ulusal" mı kalacak? Türkiye'nin insanlarını sadece Türkler mi soyuyor? Art arda nedense batıp çıkan ama hiç yoksullaşmayan tekstil şampiyonları, bankacılar, turizm prensleri, inşaat müteahhitleri, ki hepsi medyaya girdi ve partileri paylaştı, bütün bu maceraları tek başlarına ve kendi aralarında da mı yaşıyorlar?

Bu soygunların, siyaset dünyasından çok ortakları var. Bunlar, bu soygunları tek başlarına beceremez. Türkiye'de böyle "dahiler" yok. Bunlar ortak işler. Doğru.

Ama bunların bu işleri sadece "Misak-ı Milli" içinde ve Türk vatandaşlarıyla çevirdiğine inanmak da zor. Başka adresler yok mu?

Bu işlerin ardında, "dış mihraklar" da olmalıdır. Teorik olarak, tersi mümkün değil. "Cep edilen" milyarlar, Anadolu'ya sığmaz. İstanbul'da da harcanamaz. Bu büyük soygun cephesinde özellikle Avrupa'da hızla "deregüle" edilen, serbestleştirilen mali piyasaların, sermaye piyasalarının da imzası vardır.

Türkiye sık sık bir tekstil felaketi yaşıyor. Bu sektörden denetimsiz milyonlar kazanan bir avuç işadamı yaratılmış görünüyor. Ama Türkiye'nin, bir süre öncesine dek Alman tekstil makineleri sanayiinin en büyük müşterisi olduğunu görmemek mi gerekiyor?

Hiç, iktisat eğitimi almış bir uzman, bu makinelerin hangi pazarlara çıkabileceğini, yaşayabileceğini, kendisine sormaz mı? Sorar kuşkusuz. Çünkü...

Çünkü küreselleşme, sadece sermayenin, kârın, teknolojinin vs. değil, soygunların da ulusal sınırları aşması anlamına geliyor.

Dünya nüfusunun en zengin beşte birlik bölümünün geliri, en yoksul beşte birlik bölümün tam 70 katına ulaştı. Bu fark bundan 30 yıl önce 30 kat civarındaydı ve 19'uncu yüzyılda da sadece 10 kattı.

İşte bu zenginleşme ve yoksullaşma, hiç de öyle hayra alamet değil. Bunu herkes biliyor.

Kolay unutulan bir şey, bu korkunç farkın, soyulan ve diz çöktürülen yoksul yığınların kaderinin, sürecin kaymağını yiyen zengin başkentlerin ve iş dünyasının çabalarından da kaynaklandığıdır. İsim isim, şehir şehir, sektör sektör...

Bir ülkeyi talan edenler, bunun için dışardan emir almıyorlar, ama işlerin yolunda gitmesi için teknik yardım, mali destek ve rehberlik hizmetlerini dışardan "bedeli karşılığı" aldıkları kesin.

Örneğin sözde "Avrupa düşmanı" bir söylemle ve din-iman pazarlayarak ekonomiye soyunan "Jet Fadıl" benzerleri, Avrupa'da rahatça dolaşabiliyorlar. Avrupa'nın bankaları faizsiz "İslam fonları" kurmuyor mu?

Avrupa ekonomisi ise bu soygunlara bir yere kadar tahammül edebiliyor. Kabalığından sıkılınca ve bu "jetlerin" denetlenebilir olmaktan çıktığını, serseri mayın gibi sistemin prestijini ayaklar altına almaya başladığını görünce de müdahale ediyor.

Dinin devlet işlerinden ayrılması, bir talep olarak aydınlanma düşüncesinin, dolayısıyla insanlığın en önemli kazanımıdır.

Peki, ekonomideki din?..

"Aydınlanma", ekonomiye neden giremiyor?

8 Aralık 2000

Oyun bitti

Avrupa'nın mali başkenti Frankfurt'tan güneşin doğduğu yere, Anadolu'ya bakınca, insan hiç de iç açıcı şeyler göremiyor.

Türkiye, IMF ile istikrar programı üzerinde anlaşmaya varmış bulunuyor ve bundan önceki 17'sinde olduğu gibi, bu 18'inci anlaşmayla da ortaya pek öyle parlak bir Türkiye çıkacağı söylenemiyor. Hatta Frankfurt'taki Alman Merkez Bankası'na bakılırsa, Ankara ve Merkez Bankası Başkanı Gazi Erçel'in Batı dünyasına anlatmaya çalıştığı bu istikrar programı "oldukça aşırı boyutlarda" bir politika. Basına, bu kadar da olsa sızdırılmış bir kuşku, Türkiye'deki istikrar programının birçok soruyu açıkta bıraktığına inanan Batılı sayısında ciddi gelişmeler olduğunu göstermiş sayılmalıdır.

Türkiye, sanki Meksika, Rusya ve Brezilya'nın başından geçenleri tekrar yaşıyor. Benzer krizlerden geçiyor. Bile bile geçiyor. Sanki birilerini zengin etmek için geçiyor.

Nominal döviz kurunu donduran bu ülkelerde, büyük bütçe açıkları, çok yüksek faizli dövizlerle, yani dışardan ve "sıcak sermaye" ile finanse ediliyordu. Örneğin, birçok Türk bankası dışardan kredi alıyor, bunları yüksek faizli devlet tahvillerine yatırıyordu: Dış borçla iç borçlanmaydı, gerçekleştirilen.

Avrupa, işte bu oyunun bittiğini ilan etmiş sayılmalıdır. Frankfurt'taki 30 Avrupalı banka temsilcisinin, geçtiğimiz günlerde Gazi Erçel ile bir araya gelip söz birliği etmişçesine "Türkiye'ye desteğimiz tam" demesi, ki en azından "çok satan" Türk ve Alman basını böyle iddia ediyor, tersi bir açıklık da içeriyor.

Bu, ne demektir?

Yakın geçmişte kalalım: Türkiye, özellikle son 20 yıldır, yönetenlerin her yıl yeni ve nurlu ufuklar ilan ettiği bir yolda, "o parlak başarıdan bu parlak başarıya" koşuyor. İhracat insanının, gelişmekte olan ülkelerde, aklı yadsıyan veya yadsımaya hazır yeni bir "kul" tipi olduğunu bilerek, bu malzemeye güvenerek, inanılmaz bir aldatmaca sürdürülüyor.

Artık sanal ekonomi ve mali piyasaların, beraberce neredeyse kayıt dışı sektörü bile sarsan bir kriz üretir hale gelmiş olmasıdır. Bunu, "kul" veya borsacı vs. değil, yurttaş iktisatçılar söylüyor: Reel ekonomi dediğimiz, elle tutulan, gözle görülen mal ve hizmet üretimi, sahneden çekiliyor. Krizlerde daha önce birinci etken olarak ele alınan reel ekonomi, yerini mali piyasalardaki denetimsiz akışlara bırakıyor. Para, sermaye ve döviz piyasalarında, borsalarda, bankalar sisteminde, sıcak para hareketlerinde meydana gelen dalgalanmalar, türbulanslar, mali sistemleri sarsıyor ve buradan da reel ekonomiye darbe geliyor.

Bu arada batan bankaları hazine kurtarıyor. Bu acımasız kaynak transferinin kaynağında, emeğiyle geçinen milyonların "sayılmayan" teri var.

Bankalar çöküyor ve döviz piyasalarını karıştırıyor. Döviz kuru tırmanınca da döviz yükümlülüğü yüksek bankalar "çatırdamaya başlıyor". Denetimsiz, "deregüle" edilmiş mali piyasalar, banka ve döviz krizlerini birleştiriyor. Daha çabuk yaralanıyor: Örnek, Türkiye.

Dışardan Türkiye'ye sıcak para akıtan çevreler, şimdi bol bol Türkiye'deki mali sistemin hantallığından, denetimsizliğinden yakınıyorlar. Ama aynı çevreler, Batılı kredi kuruluşları, Türkiye'de kredi hacmini genişletmiş, sonra da bu temelsiz gidişin sonuçsuz kalacağını görünce kaçmaya başlamıştı. Geçen ay, bir anda Türkiye'yi terk eden 7 milyar dolar, iyi bir örnek aslında.

Oyun bitti, ama aktörler, oyuna doymayan açgözlü çocuklar gibi, tuhaf bir kararlılık içindeler. Oysa Avrupa'dan bakınca daha rahat görülüyor: Türkiye, üretemiyor.

28B
Haftalık Yazete
PEDAGOG
kitap barış
ajans barış
reklam barış
yayın barış
basın barış
fotoğraf
raç-gereçleri
enkli film ve

Cumhuriyet tarihinde görülmemiş ekonomik gerilemelere rağmen, günübirlik ticaret ve 70 milyonluk, beyni "ihracat felci yemiş" bu "mütevekkil" insan malzemesiyle oyunun devam edeceğine inananlar var.

Ama sorular da var.

Acaba Batı, Türkiye'de planlı bir kalkınma programını nasıl karşılar?

Acaba, büyük yol ayrımı gelip çatınca, AB ile ABD, bir çıkar ve görüş ayrılığına düşer mi? Türkiye, ne yana düşer?

Acaba Avrupa Almanyası, yoğun çöküş ve çürüme sürecinden kurtulmayı amaçlayan planlı bir toplumsal kalkınma hedefini, kendisinden mal ve hizmet satın alınırsa da reddetmek durumunda kalacak mıdır?

Bu soruların yanıtı, şimdilik çok önemli değil. Önemli olan, Batı dünyasının, Türkiye'yi yavaş yavaş yine bir "dipsiz kuyu" olarak görmeye başlamasıdır.

Eğer bir mafya düzeninde, üniformalı ve üniformasız ülkücüler, beraberce, "Kahrolsun insan hakları, kahrolsun af!" diye dolaşarak sözde vatan sevgisi satmaya başlamış, bu arada çaresizliğin kıyısındaki genç insanlar da gruplar halinde ölüme yatmışsa, o düzende, paranın mantığı, sıradan mantık yolunu terk eder ve başka türlü işlemeye başlar. Avrupa, bundan korkuyor.

Türkiye, eğer gözler ve cepler kamaşmamışsa Avrupa'dan bakınca da görülebiliyor, mütareke döneminde, bundan 80-85 yıl önce bile bu kadar ağır bir çürüme yaşamamıştı. Gerçi Mütareke İstanbulu'nda, bir kesim "aydın", "Fatih mi, Yavuz mu büyük?" diye tartışmayı aydın olmak sanıyordu. Ama, batan bir ülkenin kara bahtını tersine çevirmeye yeminli aydınlar elbette vardı.

Yine de hiçbir şey şimdiki kadar zor değildi.

Mali bir başkentten, Frankfurt'tan bakınca, sadece faiz ve kredi limitlerine yönelik pazarlıklardaki ucuz cilveleşmeler değil, böyle bir tarihsel kader de gözlenebiliyor.

Peki, hiç mi umut yok?

Prof. Korkut Boratav, yurttaş iktisatçı, 26 Ocak 2000 tarihinde,

Cumhuriyet'te, "Finansal Krizler Dünyası" başlığı altında, geçtiğimiz haftalarda yaşananların, zaten yaşanacağını açıkça yazmıştı: "Kuşbakışı gözden geçirdiğimiz finansal kriz uyarıları, bir 'iyimserlik coşkusu' içinde sürüklenip giden Türkiye için 'mevsimsiz' görülebilir. Bence hepsi, bizim için de geçerlidir; er veya geç gündeme gelebilecektir."

Aydın, bir niteliktir.

Bazen tek bir istisna bile kaideyi bozar. Boyalı basın ve ekranların anlamadığı, anlayınca da anlatmadığı, anlatmayacağı şey, budur.

Bu, aynı zamanda, iktisat, aydın ve ölüm oruçları arasındaki bir bağlantıdır da...

15 Aralık 2000

'Akıl tutulması'

Diyelim bir dönemin dev şirketi, Amerika'nın dünya hegemonu olduğu dönemlerde bu boyutları almıştı ve şimdi, yıkanmış, "ucuz bir kumaş" gibi çekiyor. İyi...

İyi de, çeken bu ucuz kumaş, acaba nelere işaret ediyor?

General Motors veya, daha doğru bir vurguyla, Opel'de kalalım. Opel'in, bu dünya markasının İzmir Torbalı'daki fabrikasını kapatacağını ilan etmesi, aslında sadece ve doğrudan Türkiye ile ilintili bir "keyfiyet" değil.

Demek, başka şeyler var. Gerçekten üzülecek şeyler. Ama bu üzüntünün nesnesi ve gerekçeleri, sanılandan çok daha farklı yerlerde... Onursuzlukta değil, onurda.

Yanlışlık çok: 1989 yılında dönemin Başbakanı Turgut Özal'ın, yine o dönemin genç, şimdinin ise tecrübeli ve etkili gazetecilerini bir gece yanına çağırıp, heyecanla yabancı büyük sermayeyi, Opel örneğinden hareketle, nasıl Türkiye'ye yatırım için ikna çabasına girdiğini anlatması gibi...

Turgut Özal'ın kafası, Türk siyaset tarihinde etkili yerlere ulaşabilen bu en cahil iki politikacıdan biri, diğeri Kenan Evren'dir, son derece "lineer", daha doğru Türkçe ile söylersek, "dümdüz" bir mantıkla çalışıyordu. Algılayabildiği Türkiye ile ilgili tek ödünç proje, dünya zenginlerinin Türkiye'ye yatırımcı olarak çekilmesine dayanıyordu. Hatta IMF'nin işlerimize bu sayede fazla karışamayacağını bile ciddi ciddi söyleyebiliyordu. Söylemesi önemli değil, önemli olan dinleyici bulabilmesiydi. Dinleyici ve hatta çoğaltan bulamadığını kim söyleyebilir? Sonra...

Sonra, zaman ve sahne kısmen değişti.

Bugün, bir Opel'in, Türkiye'de montaj merkezi kurmasına, buna fabrika deniyor, herhalde öyledir, hangi gözlerle bakılıyor? Bu politika, yani özellikle Amerikalı "dünya devlerinin" Türkiye'ye çekilmesini, IMF politikalarına karşı panzehir olarak sunabiliyordu. Bu, "dünya devleti" olmaktı.

Bu, Özal'dı: Kapalı ekonomiyi açıyordu ve açarken de kendisine inanan bir gazeteciler grubuyla, işbitiriciliğine hayran bir halkın iyi duygularına yaslanıyordu. "Batı" büyüktü ve elde, onun bu büyüklüğünden "sebeplenmek" dışında bir kurtuluş projesi de bulunmuyordu.

Teknolojiyi elinde tutan merkezlerin, "düvel-i muazzama" da denebilir, azgelişmişlere açılması, pek bir sorunu çözmüş olmadı. Bu gelgitlerin kalıcılığı da son derece tartışmalıdır.

Örneğin, otomotiv sanayiindeki çalkalanmaların durmayacağı biliniyor. Japon otomotiv devi Toyota Motors ile Ford arasındaki global işbirliği önceki günlerde açıklığa kavuştu. Toyota-Ford global birlikteliğinin, sektördeki füzyonlara bir yanıt olduğu yorumu akla en yakın olanıdır.

Peki, ne oluyor? Opel'in bir montaj merkezini kapatması, Türkiye için büyük bir anlam mı ifade ediyor? Acaba ABD'nin Avrupa'dan çekilme sürecinde bir kilometre taşına mı işaret ediyor?

Öyledir.

Aslında da şöyle: Neresinden bakılırsa bakılsın, ABD'nin, Avrupa ve örneğin Balkanlar'dan kısmen el çekme hesapları ile Amerikan şirketlerinin izlediği bu tür politikalar, bir paralellik taşıyor. Bush'un Avrupa ve Avrupa yakınındaki bazı bölgeleri, geçmişe göre daha rahat bırakacağı yolunda ciddi söylentiler var ve bunlar artık etkili yayın organlarında yorum halinde ifade edilebiliyor: Fakat aynı Bush yönetiminin, İran Körfezi, yani petrol bölgelerini bırakmaya niyeti yok. Şansı da yok. Ama Avrupa Birliği ülkelerinin, Türkiye'nin kilit rolü oynadığı

NATO ile işbirliği çerçevesindeki ordu hazırlığı bir ciddi gösterge...

Opel'in "böyle" gelişi, onurlu bir Türkiye yurttaşı için sevinç nedeni nasıl olamazsa, herhalde gidişi de hüzün nedeni değildir. Aynı şey, iktisatçı için de geçerlidir: "Yurttaş iktisatçı" için elbette. "Teb'a" ruhlu "müstahdemler" için değil.

Ama küreselleşme, bir ülkenin sevinç ve üzüntü gerekçelerini bu kadar sıfırlayabiliyorsa eğer, ciddi bir çürüme sürecinin de içinde demektir. Öyle görünüyor.

Bunlar, son çözümlemede çok da önemli değil. Önemli olan, şu soru: Zaten zor gelmiş yabancı sermaye, bir ülkeden neden apar topar kaçar?

Bu soruyu şimdi pek yanıtlamak isteyen yok.

Ama bir halk, eğer aydını diz çöker ve kendini reddederse, asıl o zaman, insanca yaşama hakkını kaybediyor.

İçinde yaşadığımız yeni ortaçağ, büyük bir akıl tutulmasıdır.

Aklın tutulduğu bir dünya da, her türlü aşırılığı ve ateşli acıları besleyen bir büyük güvensizlik kuyusudur.

Yeni ortaçağın en büyük düşmanı da, genelgeçer inançları reddeden, "aydın"dır.

22 Aralık 2000

Arınma oyunları

Bektaşi'ye sormuşlar, "Sen Allah'tan ne dilersin?" diye. Malum "dünyevi" isteklerini tekrarlamış. Softalar kızınca da, bu kez Bektaşi sormuş: "Peki, siz ne dilersiniz?' Onlar da, eh, "Allah korkusu, dinimizin buyruklarından çıkmama vs." gibi yanıtlar vermişler. Bektaşi, lafı gediğine koymuş: "Görüyorsunuz işte, insan nesi yoksa onu ister."

Öyle.

Modern zamanlarda, özellikle de son 100 yılda başdöndürücü bir hız kazanan küreselleşme süreci, parayı, birçok çevrenin, hatta toplumların da tanrısı haline getirdi. Pek farkında değiller, ama öyle. Rüşvet, yolsuzluk, mafya örgütlenmesi, çürüyen toplum da bu yeni tanrının meşru çocuğu...

Ancak bu sahte tanrı, çürütürken ilginç semptomlar da gösteriyor. Parasal kurumlar, dev tekeller,bürokrasiyle ve diğer dev şirketler veya kuruluşlarla ilişkilerinde bir dolu düzensizlik yaşamaya başladı.

Wolfsberg Uzlaşması bir örnek. Dünyanın en büyük 11 bankası, kara para yıkama operasyonlarıyla mücadele çağrısında bulunmuştu. Deutsche Bank, Citibank, UBS gibi kredi dünyasının büyükleri, böyle bir ortak centilmenlik anlaşmasına, Uluslararası Saydamlık Örgütü'nden "hayır duası" alabildi.

Bu da iyi.

Ama neden?

Uluslararası arenadaki son dönem girişimler, Dünya Bankası ve IMF başta olmak üzere, yolsuzlukla mücadele kararlılığı, bir ortak payda halini aldı.

Türkiye'de bir süre önce ortaya çıkarılan banka hortumlamaları vs. belki bu dış rüzgarın tesiriyle açıklanabilir. Ancak doğru olmaz. Türkiye'nin iç rüzgarları, içerdeki talepler, yapısal kapasite, dışarıdan gelen taleplerden çok daha önemlidir.

Sırf bir Dünya Bankası veya IMF istedi diye, Türk mafyası, kara para, rüşvetçi falan yakalanamaz. Bu, olacak iş değil, en azından eşitler arasında birincilik iç dinamikte sayılabilir.

Bunun sonuçları var.

Dış dinamik öncelikli olunca, bu dinamiği, artık neyse o, her türlü hatalı gelişmeden, örneğin dağıtılan rüşvetten, kayıt dışı sektörün kıyıcılığında yaşanan acı yoksulluklardan "tenzih etmek" mümkün olabiliyor.

Oysa kara para üreten sektörler, asıl büyük parayı ("aslan payı") dışarıdaki zenginlere kazandırıyor. Karanlık ilişkilerin gelişmiş ülkelerdeki patronları, kazançlarını ayak takımı olarak gördükleri, gerçekten de birçok açıdan öyle bir gruptan sağlıyor.

Mali sistemin bir arınma sürecine girmesi, başka ihtiyaçların ürünü olmalı. Mali merkezlerin bir biçimde denetimi altındaki vergi cennetlerinin zor bir döneme girmesi, kaçakların hacmiyle yakından ilintili. İş yapılamaz, bağlantı kurulamaz oluyor.

Daha teorik sözcüklerle: Maliyetler gereksiz bir biçimde ve verimsiz olarak şişiyor, ayrıca ticaret hacmi istenen ölçülerde büyümüyor. Üretim ile ticaret hacmi ar^sındaki bağ, kopabiliyor.

Ortaya çıkan, bir inandırıcılık krizidir.

Yaklaşan krizde de herhalde önce bazı kolay safraların atılması gerekiyor. Tabii önce görece daha az gelişmiş olanlarda...

Wolfsberg Uzlaşması'ndaki bankalar ile Uluslararası Saydamlık Örgütü'nün ilan edilen desteği, belki de bu krizle yakından ilintilidir. Bir tür reklam veya halkla ilişkiler çalışması. Dünyanın sahibi bu bankaların bizzat işleri para. Bu nedenle de adları sık sık skandallara karışabiliyor. Ama onlar Transparency International'a araştırma siparişleri verebiliyorlar ve iki taraf da bundan rahatsızlık duymuyor.

Duymaları da gerekmiyor.

Bazen, kamuoyunun duyarsızlığı bilinen bazı ülkelerde "hortumcular enselendi" manşetleriyle oyundan kimi oyuncular alınıyor, çözülme önlenebiliyor ve bir soygun düzeni herhalde biraz daha arınmış olarak yoluna devam ediyor.

Antik Yunan ve Roma'da zenginler, daha çok tüketebilmek için, yediklerini zorla çıkarırlar ve sonra yeniden sofraya otururlardı. Bu da bir "arınmaydı".

Dürüstlük, temiz toplum çığlıkları, başka yerlerde işlenen cinayetleri örtbas etmek ve "olmayan bir şeyi istemek" anlamına da mı geliyor acaba?

Malum, bu insan malzemesi, hep kendisinde olmayanı ister.

29 Aralık 2000

Yeni binyıla, yeni bir karanlığın içine?

Sonunda görüş birliği sağlandı. Artık üçüncü binyılın içindeyiz. Eğer mevcut takvim anlayışını veri kabul ediyorsanız... Sonuç olarak zaman, insanın doğaya bir müdahalesi; kurmaca bir müdahale. Bizim, gerçekliğe dahil saydığımız bir ortak payda.

Üçüncü binyılın içinde olduğumuz artık tartışılmıyor, tamam, ama doğrusu bakılan yere göre, nelerin bizleri beklediği çok tartışılıyor.

Buna fırtına öncesi sessizlik demek mümkün. En azından Avrupa'ya bakarak, merkezinde olmasa bile çevresinde ve yakın coğrafyasında ciddi fırtınaların gündemde olduğu söylenebilir. Merkezdeki yoğun sessizlik ile, kenardaki kargaşa, diyelim Balkanlar, birbirini tamamlıyor. Aslında fırtına öncesi kargaşa ile fırtına öncesi sessizlik, birbirini besliyor. Böyle besliyor.

Ama geniş halk kesimlerinin, "merkezde" veya "çevrede" yaşasın, fark etmez, bir belirsizliğin sessiz ortağı olduğunu söylemek çok yanlış değil.

Çevre, köklerimizi ve anadilimizi taşıyan Türkiye başta olmak üzere, bir kaosa doğru yürüyor. Merkez ise kendisinden ve gücünden emin, bu belirsizlikler için özel bir çaba harcamaya gerek duymuyor.

Ama içerde yaratılan ulusal gelirin, örneğin yıllık gayri safi yurtiçi hasılanın en az yarısının kayıt dışı sayıldığı bir ülkedeki fırtına, merkezi mutlaka bir biçimde etkileyecektir. 250 milyar dolarlık bir gölge ekonomisi ile bir bu kadar kayıt içi ekonomi, bu arada 70 milyona yakın bir nüfus, merkezi, örneğin bir Berlin veya Paris'i hiç ilgilendirmiyor olamaz.

Ama bazı soruların yanıtı yok. ABD, güneyini hızla dolarize ediyor. Veya tersinden söylenebilir: Güney Amerika ülkelerindeki dolarizasyon doludizgin ilerliyor. Ekonomilerini denetim altına alabilmek için başka şanslarının kalmadığını düşünüyorlar. Ama bunun bir başka adı, ABD'nin Avrupa'dan giderek uzaklaşması, kendi av sahasına yönelmesi demek de değil mi?

Öyle görünüyor. Avrupa, Washington'dan yönetilemeyeceğini bilerek ve bildirerek yeni bir ufka açılıyor. Avronun dolar karşısında yeni yılla birlikte nefes almaya başlaması ve 0.93 doları bulması, Avrupa ekonomisinin gücünden ve Amerikan ekonomisindeki soğumadan zaten emin kesimleri rahatlattı. Ekonomiye bir akıldışılık egemendi bu çevrelere göre ve şimdi aklın yolu bire inmiş oldu.

İyi. Ama bizler için önemli olan, biraz da Türkiye ekonomisindeki gelişmeler. Yani, Avrupa'dan bakınca Türkiye ekonomisinin yörüngesi. Son IMF önlemlerinin, Anadolu'ya huzur getireceğine inanan varsa eğer, ki olabilir, bunların bu önlemlerde çıkarı olan bir avuç "komisyoncu" ile aldatılmış yığınlar olduğunu söylemekten başka bir açıklama doğrusu elde bulunmuyor. Türkiye, artık akıldışılığın tek başına iktidar olabileceği bir karanlığın üzerine itiliyor.

Dolayısıyla bir IMF'nin Türkiye tarımını yerle bir edeceğini görmemek için ille de Ankara'da politika yapmak mı gerekiyor? Alman kökenli uluslararası kredi kuruluşlarının bile IMF sayesinde iyice soğuyacak bir Türkiye ekonomisinden fon çekmeyi hızlandırdığı bir dönemde, enerji açığının artık hiçbir biçimde kapatılamayacağını çocukların bile gördüğü bir ortamda, fırtına öncesi kargaşadan başka etiket mi var?

Avro gerçek yerine yerleşirken, Türkiye'nin kayıt dışı ağırlığı artık her göz atanı ürperten ekonomisi, dolara kaçma eğilimi gösteriyor. Üstelik bunu, altyapısı, ithalat ve ihracat pazarı olarak Avrupa'nın hem coğrafi ve hem de tarihsel bir parçası ülke sıfatıyla yapıyor.

2001 yılının, Türkiye ekonomisine sağlık getireceğini söylemek nasıl mümkün olabilir? Eğer hayatınızı politika ve türevlerinden kazanmıyorsanız, bu arada benzer bağlantılarınız da yoksa, anadilinizin kaynaklandığı toprakların üzerine yeni ve çok acımasız bir ortaçağın son 20 yıldır artan bir yoğunlukla çöktüğünü görmemeniz mümkün değil.

Yeni ortaçağın üçüncü binyıldaki karanlığını kim, nasıl yırtacak?

Belki de yeni ortaçağın karanlığını, bizim "Anka Kuşu" dediğimiz, Batı dünyasının "Phönix" diye bildiği, şu yanıp küllerinden yeniden doğan masal kuşları tehdit ediyordur.

Ama bir nokta kesin: Erozyon ne kadar ağır olursa, ona direnebilen ağaç da o kadar güçlü oluyor. Karanlık ne kadar ağır ve halk ne kadar duyarsız olursa, karanlığı yırtıp yeni bir çağ açabilen aydın, belki bir o kadar acılı yaşıyor, ama gelecek üzerinde de aynı derecede etkili olabiliyor.

"Küreselleşmiş Pompei"nin kaderi, bu.

5 Ocak 2001

Yükselen piyasaların düşen değerleri

ABD'de faizlerdeki düşüş, şu ünlü "yükselen piyasalar"a yarayacak gibi görünüyor. Tabii, teorik olarak ve kısmen. Aralarında Türkiye'nin de bulunduğu bu ülkeler, "yükselen piyasalar", para ve sermaye piyasalarındaki yatırımcı tercihlerini uzun süre meşgul etmişti. Amerikan Merkez Bankası Başkanı Alan Greenspan'in anında müdahalesi, hemen sonuç verdi: Brezilya'daki Bovespa endeksi geçen hafta yüzde 7.6'lık bir artış gösterdi. Ayrıca Arjantin'de yüzde 7.2, Meksika'daki borsa endekslerinde yüzde 5.4'lük çıkışlar saptandı. Borsalar, Hong Kong'da yüzde 4.4, Güney Kore'de yüzde 7, Tayvan'da yüzde 4.9 ve Singapur'da yüzde 3.2 düzeyinde hareketlenmeler yaşadı.

"Deregüle" mali piyasalara bir göz atıldığında, bazı gelişmeler dikkat çekiyor. Ellerindeki milyarları yatıracak yer arayan borsa çapkınlarını anlamak aslında kolay: Eğer faizler düşerse, bu, ucuza sermaye edinebilmek anlamına da geliyor. Gelişmekte olan ülkeler, azgelişmişler de diyebiliriz, yatırımcılar için böyle bir durumda çekici olacaktır. Yüksek sermaye maliyetleri, elbette riskin de büyümesi demektir. Yatırımcı, böyle bir ortamda, daha garantili limanlara yöneliyor ve sanayileşmiş ülkelerde kendini korumaya alıyor.

Bir süredir yaşanan, buydu.

Şimdi özellikle Amerikan ekonomisine doğrudan bağlı ekonomilerin durumu ilginç. Bunlar, herhalde Avrupa'ya çok yakın değiller. Bu, daha da ilginç.

Nedir?

Şu: Dünyadaki, ama özellikle "Yaşlı Kıta" Avrupa'nın uzağındaki birçok ülke, "eşik ülkeler" veya "yükselen piyasalar", Amerika Merkez Bankası'nda alınan faiz kararlarına göbekten bağımlı. Dolarizasyonun hızla yayıldığı ve hatta esas para birimi, ödeme ve birikim aracı olarak yerleştiği Güney Amerika ülkelerinde, ABD'deki faizlerin düşmesine paralel olarak hareketlenmeler yaşandı. ABD'deki kararla, aslında Güney Amerika'daki bölgesel sermaye maliyetleri, yani dış borçların ve dış borçlanmanın maliyeti de düştü. Zaten ekonomistler, yoğun bir yabancı sermaye, daha doğrusu Amerikan sermayesi ihtiyacıyla kıvranan Güney Amerika ülkelerinin, faizlerdeki düşüşten en kârlı çıkacak kesim olduğuna inanıyor.

Bir soğuma sürecine girmesinden korkulan Amerikan ekonomisi, eğer düşen faizlerle üretimde ve gelirlerde bir artış gerçekleştirebilirse, bu, kendisine ihracat yapan "yükselen piyasaların" işine gelecektir. ABD pazarına yönelik Güney Amerika ve Güney ya da Güneydoğu Asya merkezli işletmeler, dünyanın bu en büyük pazarında kıpırdayan her yaprağa son derece duyarlı bir gruptur: Yoğun bağımlılığın sonucu.

Ancak Avrupa ve çevresi için aynı şeyler söylenemez. ABD'nin tersine, Avrupa, AB diyelim, ekonomik bir büyüme sürecinin başlarında bulunuyor. Ayrıca dolar karşısında sürekli değer yitiren ve şu sıralarda 0.95 dolar çevresinde istikrar arayan avro, Avrupa'nın ihracat şansını yükseltmişti. Avro değer kazanmaya devam bile etse, verimlilikteki artış ile dolar cinsinden avronun fiyatı, AB ekonomisinin omuzunda bir rekabet perisi olarak varlığını sürdürecek gibi görünüyor. Avro bölgesindeki faizler de dolar faizlerinden daha düşük.

Amerikan ekonomisinde bir durgunluk beklenmiyor. Avrupa ekonomisinden de beklenmiyor.

Bütün bu tablo içinde, dolarizasyon spiraline takıldığı gözlenen bir gölge ekonomisini, Türkiye'yi, bekleyen nedir?

Son IMF kredisiyle dış borçları 120 milyon doları bulan, iç borçları

45 milyar dolara oturan, Türkiye, hazine garantisi altında özel banka ve şirketlerle belediyelerin aldığı borçlarla birlikte 200 milyar dolara yakın bir borç yükü altında. Bu, borçları, 200-250 milyar dolarlık GSMH'sına neredeyse eşit bir ülke demek. İyi.

İyi de, 2001 yılında, bütçe giderlerini karşılamak için özelleştirme ve vergi yükünü ağırlaştırma dışında önlem aradığı söylenemeyecek olan Türkiye'nin durum ne olacak?

Dünya ekonomisinin büyük birimleri, kendi içlerine bakmaya çalışıyor. Özelleştirme için yabancı "hevesliler" pek ortada yok. Vergiler ise, arttıkça, Türkiye iç pazarının daha da daralması, üretimin, gelir olanaklarının düşmesi demek.

Ticaret ve sanayi birbiriyle çekişmeye başlayabilir; hatta aynı sektör içindeki, diyelim bankacılık, öldürücü bir rekabet de gündemi zorluyor. Bu Türkiye, ABD'ye çok uzak. Washington'da sermayenin yarım puan ucuzlaması, Ankara'nın hiçbir işine yaramayacak. Siyasal yakınlık ile ekonomik uzaklık, 2001'de çok acı travmalara neden olabilecek.

Avrupa bankalarının, özellikle Alman bankalarının, Türkiye pazarına uzaklığı anlamlı. Gerçi kısa vadede Türk bankacılığına girecek yabancı sermaye oranında patlama bekleyenler de var. Ama, bu, son 40 yıldır iç içe geçmiş sanayi sermayesiyle mali sermayenin işleyiş mekanizmalarının bozulması demek de olacak.

Daha öncekilere hiç benzemeyen bu "mavi karanlığa" (Türkiye'nin yeni ortaçağına daha iyi bir isim bulmak çok güç) yeterli yabancı sermayenin girmesi, üretimi canlandırması, enerji başta olmak üzere altyapı açığını giderecek bir atılımın gerçekleşmesi zor.

Alan Greenspan için ise bizim gökkubbemizdeki her şey bir "muamma".

12 Ocak 2001

Küçülen devlet büyüyen sermaye

Hukuk devleti kavramı, tuhaftır veya bakış açısına bağlı olarak belki de çok olağandır, daha sonra hak ihlallerinin "eşsiz" örneklerini vererek 20'nci yüzyıla damgasını vuracak olan bir ülkede doğdu: Almanya'da. 19'uncu yüzyılın sonunda.

Devlet içindeki iktidar odaklarının, bu gücün içerdiği baskı olasılığı karşısında, insanların özgürlüklerini korumak amacını taşıyordu. Siyasal iktidarın, yönetilenlere yönelik tepkilerini haklar tanımıyla dengelemek gerekiyordu...

Hukuk devleti, yönetenlerin devletin iktidar menziline sınırlar koymak anlamına geliyor. İlk bakışta. Vurgu, yurttaşların haklarına yapılıyor. İyi.

İyi ve soru da şu: Acaba hukuk devleti uygulamaları ile kara para işleri, yeraltı ekonomisi veya vahşi kapitalizm de denilen ilişkiler ağı, birbirini dışlıyor mu? Pek değil. Ama Türkiye, Filipinler vs. bir yana, son 10 yılda İtalya'dan başlayarak Avrupa'ya bir göz atmak, "Hiç değil!" bile dedirtiyor.

Piyasa ve sermayenin ana değer sayıldığı bir dünyada, küreselleşen dünya da denebilir, birçok ülkede yaşanan vahşetin, yoksulluğun, çaresizliğin, eğitimsizliğin, sağlık hizmetlerinden yoksunluğun, itilmişliğin ve "ötekiler arasında ölümü beklemenin", yani sadece siyasal değil, asıl toplumsal hayat içinde egemenliğini ilan etmiş her boyuttaki insan hakları ihlallerinin, tesadüf olmadığı söylenebilir.

Bunlar, birer sonuç. Küreselleşme, Pompei'nin küreselleşmesidir. Büyük afet öncesi delicesine eğlenen zenginler ve tuhaf bir biçimde onlara âşık köleler üzerine kurulu bir siyasal mekanizma bu...

Tarih ve toplum kimin ürünü? Bilmeyenler, ama yapanlar, kimler? Sermaye ve piyasa mı, yoksa çalışanlar, yani emek gücünü kiraya veren somut insanlar mı?

Başka türlü de sorulabilir: Devletin veya siyasal iktidarın, yurttaşlar karşısındaki olası sertliklerine, zorbalıklarına karşı üretilen mekanizmalar, bugün birer mitos halini almışsa eğer, kalıcı bir hizmette bulunabilir mi? Yani, devlet kurumlarının haksızlıklarına karşı insanlar, anayasal haklarına sahip çıkarak kuşkusuz mücadele edebiliyorlar. İyi de, sorun bu mu?

Sorun, bu değil.

Neoliberal saldırı, dünyada Thatcher-Reagan ve Almanya'da da Helmut Kohl çizgisiyle, ki bizde de Evren-Özal ve sonrası ile örneklendirilebilecek olan bir siyasal yönelimdir, geçen yüzyılın son çeyreğine, 1989'da kapitalizme dönüş "başarısını" da araya sıkıştırarak, damgasını vurmuştu. Devleti küçültmek propaganda ediliyordu. Bu kesimler, örneğin Özal-Yılmaz-Çiller-Ecevit çizgisi, bu sayede hukuk devletinin, eksikli de olsa, varlığını kanıtladığını düşünüyordu.

Küçülen devlet, yurttaş haklarının büyümesi ve garantilenmesi anlamına mı geliyor?

Ekonomi çerçevesinde ve Avrupa'da kalalım. Yaşlı kıtada yurttaş hakları gelişkindir, ama devletin ekonomi içindeki yeri hiç sanıldığı kadar küçük değildir. Bir, bu var. İkincisi, bu hakların kimin tarafından finanse edildiği çabuk unutuluyor: İhracat ve azgelişmişlerden sanayileşmiş ülkelere değer transferi sayesinde, bu "hukuk cennetleri" yaşayabiliyor.

Demokrasi, sonuç olarak bir finansman sorunudur.

Örneğin, açıkça kara paraların yıkandığı vergi cennetleri, nedense, dünyanın yurttaş özgürlüklerinden pek söz edilemeyecek bölgelerinde bulunuyor.

Önemli değil. Önemli olan, şu:

1. Güçlü devlete karşı hakları savunulanlar kimler? Sermaye sahipleri mi, yoksa işgücünü kiralayanlar, yani çalışan yığınlar mı?

2. Güçlü devlet bir yana, peki asıl güçlü sermaye karşısında da insanların haklarının savunulması gerekmiyor mu? O zaman, hadi Türkçedeki Dostoyevski'den ödünç alalım, "ezilenler"in haklarını kim koruyacak? Her geçen gün tarih sahnesinden silinen sendikalar mı? Yoksa çağdaş tarikatlar mı?

Devlet "küçülüyor", ama sermaye büyüyor.

Sermayenin büyümesi, bu tabakanın insanları hariç, kimlere hak sağlayacaktır acaba? Ama şu: Devlet, daha doğrusu kamunun eli, ekonomiden çekildikçe, yitirilen haklar ile "kazananlar" arasında bir karşılaştırma yapmakta yarar var. Özelleştirme, sanıldığının tersine, kamu denetiminin yitirilmesi demektir ve bir haklar mezarlığıdır. Çünkü kâr ve çalışanların hakları, hep ters orantılı, yani birbirinin aleyhine büyüyen iki ayrı sepet oldu. Hukuk devleti var. Çünkü devlet vardı ve haddini aşması durumunda, sınırları gösteriliyordu. Ama haddini bilmeyen, büyümek için de bu sınırları tanımaması gereken sermayeden nasıl korunacaksınız ve onun sınır ihlallerine karşı nasıl mücadele edeceksiniz?

Devletin küçülmesi mümkün. Ya, sermayenin küçülmesi?..

Küçülen sermaye, ölüm fermanını kendi imzalamış bir idam mahkumudur. Sermaye, büyümeye mahkumdur. Peki, bu mecburiyetten çıkan "haklar manzumesi"?

2000 yılının yıldızı füzyonlarla büyüyen sermaye değil, Seattle oldu. Belki de insanlar, hukuk devletinin, kendilerine bazı güvenceleri sağlamadığı duygusuna kapıldılar.

Bitirilebilir: "New Economy" koşulları öğretici ve doğrusu çok korkutucudur. Daha 19'uncu yüzyılda, serbest piyasa ekonomisi yerleşmeye başlarken, müteşebbisler, sermaye sahipleri, çalışanların en temel ve normal insani ihtiyaçlarını gidermesini bile sineye çekemiyordu: Bu alana devlet yasalarla müdahale etmek ve kurallar koymak zorunda kaldı. Acıdır.

19 Ocak 2001

Elektriksiz Kaliforniya: Bir Amerikan rüyası?

Sınırlar büyük ölçüde açıldı. 1 Ocak 1996'da Gümrük Birliği'ne geçildi. Bu, Avrupa Birliği ve Federal Almanya için kuşkusuz iyi oldu. Dış ticaret rakamları öyle söylüyor. Tamam.

Ya Türkiye için?

Acaba gümrük kapıları ardına kadar açılan Türkiye'de, bu sayede, bizim bilmediğimiz ölçülerde bir ekonomik büyüme mi yaşandı? AB'ye yapılan ihracat 1995 yılında, Gümrük Birliği öncesinde, 11 milyar dolardı, ithalat ise 16.8 milyar dolar. Sınırlar gevşedi ve 1999 yılında ihracat 14.3 milyar dolara çıktı. Ama AB'den yapılan ithalat da 35.7 milyar dolara sıçradı. Bu işten bir tarafın çok kârlı çıktığı kesin, ama herhalde Türkiye değil.

Önceki yıllara bir göz atılabilir: Neoliberal saldırı, 20'nci yüzyılın son çeyreğine Thatcher-Reagan-Kohl ile damgasını vururken hep bağırıyordu: "Sınırları açın, ticareti serbestleştirin! Bakın, nasıl büyüyeceksiniz!"

Pek öyle olmadı. 1999 yılı sonbaharında Seattle'daki Dünya Ticaret Örgütü toplantısı, sokaktaki protestolar bir yana, katılımcı delegelerin, özellikle de azgelişmiş ülkelerden gelenlerin, karar bildirgesini imza atmayı reddetmesiyle de ünlüdür.

Neoliberal kurnazlığın düsturu: Ticaret ne kadar serbestleşirse, buna "yeni ekonomi" de dahil, ülkeler o kadar hızlı büyür. Gelişmişi, azgelişmişi fark etmez.

Ama, yeryüzü sakinlerinin yarısı, küresel dünyada, günde 4 marktan daha az bir parayla geçinmek zorunda. Bu, fark eder. Küreselleşme, fiyatlar düzeyinin uluslararası ölçekte birbirine yaklaşması demek. Nedense, emek gelirlerinin değil.

Sınırları, yabancı sermayeye, yabancı mal ve hizmetlere ardına kadar açmak, daha az gelişebilmiş ülkelerin hangi işine yarayacak acaba?

Neyse...

Ticari engeller, yani serbest ticaretin önüne set çeken süreçler ile ülke ekonomilerinin büyüme oranları arasında birebir bağlantı olduğu iddiaları üzerinde uzmanlar bile görüş birliği sağlayabilmiş değil. Gerçekten de, eğer engellerin kalkmasıyla azgelişmiş ülke ekonomilerinde canlanma sağlanacağı kesin olsaydı, bu kadar çok doktora tezi, "paper", kitap, makale vs. yayımlanır mıydı?

Üzerinde anlaşılamıyor.

Ticaretin serbestleşmesiyle ekonomik büyüme ve yığınların refahındaki artış arasında doğrudan bir nedensellik kurmak zor. Nedensellikte ısrar edenlerin seslerinin yüksekliği ile aldıkları ücret ve komisyonlar arasında doğrudan bir oran bulunduğu iddiası ise, en azından ve her türlü komplo hesaplarının dışında, ciddiye alınması gereken bir iddiadır. Yoksa bu kadar ne diye bağırsınlar?

Almanya, pek korumacı bir tarihe sahiptir. Diğer gelişmiş ülkeler gibi. Yani bunlar, gelişinceye, teknolojik gelişmeye damgalarını basıncaya kadar, hiç de öyle sınır açmış, gümrük indirmiş falan değillerdir. Sonra açtılar.

Peki 20'nci yüzyılın son çeyreğinde tüm kapıları ardına kadar açmayı, içerdeki üretimden vazgeçercesine, siyaset belleyen bir ülke, örneğin Türkiye, şimdi ne diyor? Çok mu yüksek bir büyüme ve refah artışı sağlamış oldu?

Tekstil, konfeksiyon ve hizmetler sektöründe sanayileşmiş ülkelerin hasisliği ve konulan kotalar, son derece manidardır.

Avrupa'nın en azından coğrafi bir parçası olarak Türkiye, Üçüncü

Dünya ülkelerinden değil. Orta gelişmişlikte. AB, bölgesel ağırlığı büyük bir ekonomi ile karşı karşıya. Ama aynı Türkiye ağır enerji açığını nasıl kapatacağını bilemiyor ve kaş yapayım derken göz de çıkarabiliyor. Enerji yatırımı yapacak yabancı sermayeye, ürününü belli bir fiyat üzerinden satın alma garantisi bile verebiliyor.

Bol özelleştirmeli bu refah ekonomisi masallarına nerede bir "Dur!" denebilir? Kaliforniya'da mı? "New Economy"nin oynadığı oyun, geçtiğimiz günlerde "arş-ı âlâ"ya çıktı. Teknoloji vadisinde, ABD'de, enerji yetmediği için elektrikler kesiliyor.

Bol özelleştirmeli neoliberal saldırı, iktisat politikasını damgalarsa eğer, elbette böyle olur. İnsanlar kısa vadeli sanal kazançlara yönelmek için reel ekonominin gerektirdiği acil yatırımlardan bile kaçarlar. Sermaye de "yeni ekonomi"ye yamanır ve bilgisayar ekranlarının karşısında, tabii mum ışığında, bir mucize beklenir.

Bu da herhalde yeni Amerikan rüyası olur.

26 Ocak 2001

Zengin mutfağında kartopu öfkesi

Davos'taki Dünya Ekonomi Forumu, alınan önlemler sonucu sessiz sedasız, kartopu cilveleşmeleriyle noktalandı. 200 kadar gösterici, gerçi alınan tüm önlemlere rağmen sahneye çıkabildi, ama medya da bu işe fazla ilgi göstermedi. Zürih'te, küreselleşmeye biraz gürültülü karşı çıktıkları için 100 civarında gösterici gözaltına alındı. Oyun bitti. Şimdilik.

Yaşlı kıta, görünüşe bakılırsa, en azından becerdikleriyle birlikte değerlendirildiğinde, pek de yaşlı olduğu söylenemeyecek kapitalizmin merkezlerinden Davos'ta bir başka gösteriye sahne oldu aslında. Dünya ticaretinin sahipleri, teşvik katalogları falan çıkarıp tartışmaya açtılar, ama sanayileşmiş ülkelerle azgelişmişler arasında bir çıkar dengesi bu kataloglarda bile kurulamadı. Kuramadılar. Zaten kurmak istedikleri de pek söylenemez. Ortada böyle bir umut yok.

Dünya ticaretinin merkezi örgütlerinden pek bir şey çıkamayacağı biliniyor. Ayrıca uluslararası ticareti bölgesel aksamaların beklediği yolundaki kuşkular güçleniyor. Dünya ticaret sisteminin bölgesel ve ikili anlaşmaların kolektif etkisiyle parçalara bölünmesi, korkutuyor. "Serbest" ticaretin korumacı eğilimlere yenilmesinden endişe ediliyor. Ancak bu endişenin sahipleri, daha çok metropol sakinlerinden oluşuyor.

"Üçüncü Dünya"nın desteklenmesi, bu ülkelerin ihracat potansiyellerinin sanayileşmiş ülke pazarlarında değerlendirilmesi isteniyor.

Sanayileşmiş ülkelerin bunu sağlamak amacıyla azgelişmişlere mali destek vermesi, bu desteği arttırması, bu desteğin kaynaklandığı ülkelerde de bol bol azgelişmiş ülke mallarının satılabilmesi öneriliyor. Tamam.

Türkiye bir "Üçüncü Dünya" ülkesi değil. Belki sanayileşmiş 7 ülkeye bakılırsa, görece azgelişmiş bir ekonomiye sahip olduğu söylenebilir. Ama bölgesel bir güç olduğunu kanıtlayan çok fazla gösterge bulunuyor. Bir örnek olarak burada, Türkiye'de kalalım. Uluslararası serbest ticaret şampiyonları, sanayileşmişlerden azgelişmişlere hem mali destek gelmesini, hem de bu ülkelerde çalışanların haklarında aşırıya kaçılmamasını, çevre kirliliği gerekçesiyle falan standartlar sorunu çıkarılmamasını istiyor. Demek ki, Türkiye, hem diyelim Avrupa Birliği veya Berlin'den mali teşvikler alacak, hem de çalışanlarının fazla hak sahibi olmadığı ve doğanın acımasızca kirletildiği koşullarda üretim yaparak, bu ürünleri, diyelim, bir Almanya veya İsviçre'ye pazarlayabilecek.

Eski WTO ve daha önceki GATT yöneticileri, Renato Ruggiero, Peter Sutherland ve Arthur Dunkel, girişimcilerden ve politikacılardan böyle ricalarda bulunuyorlar. Olabilir. Ama bu da sefaletin teşvikidir.

Cehenneme çıkan yolların iyi niyet taşlarıyla örüldüğünü bilenlerin elinden çıkmış bir teşvik katalogu olmalı. Azgelişmişlerden gelen sinyallere bakılınca, sırf bir metropol marifeti olduğu söylenemez böyle önerilerin: Malezya merkezli bir NGO olan "Üçüncü Dünya İletişim Ağı" Başkanı Martin Khor, sosyal haklarla ilgili önlemler ve çevre kirliliğine yönelik koşullara karşı uyarıyor: "Azgelişmişlere ilave yük gerekmiyor." İyi.

İyi de, bu korkunç "ikinci sınıf insanlığı kabullenme politikası", bir çıkış olabilir mi? Bu önlemler, çıkışsızlıktan başka neye işaret ediyor?

Davos'ta sorun çözücü tartışmalara tanık olmayan yoksul temsilcileri, aslında iki yolla karşı karşıya olduklarını bir kez daha gördüler. Bir, sefalet koşullarında üretim ve, iki, mevcut koşullar nedeniyle düşük maliyetli, dolayısıyla düşük fiyatlı ürünler sayesinde zengin mutfağına girip, buradan nasiplenme... Çalışanların da, doğanın da acımasızca ve son derece "insani gerekçelerle" kirletildiği bir oyun bu. Bir azgelişmişlik simgesi halini alan, tekstile bakalım. Azgelişmişler, sanayileşmişlerin tekstil ürünlerine getirdiği ithalat kotalarının kaldırılmasını, tarımda da sübvansiyona son verilmesini istiyor. Yapılmayanı yani.

Rus reformcusu, AB ve ABD başkentlerinden aldığı övgülere bakarak "kimlerin reformcusu" olduğu kolayca anlaşılabilir, Grigoriy Yavlinskiy, Rusya'daki yolsuzluklarla ilgili güzel bir belirlemede bulunmuş: "Rusya'daki yolsuzluklar, Batılı finans kuruluşlarının da katıldığı bir ortak yatırımdır." WestLB gibi bir banka ile başlayan ve şimdilik kamuoyundan bir tepki almayan Rus alüminyumu, örnek olsun.

Yolsuzluk, böyle. Doğru. Peki, sefalete ve kirliliğe mahkumiyet? O da bir "joint-venture" değil mi?

Neoliberal saldırganlara göre, değil.

Davos milyarderleri ve onların temsilcileri, ki daha çok azgelişmiş merkezlerde yuvalanmışlardır, bütün bu olan bitenleri, büyük oyun tehlikeye düşmediği sürece, böyle cilveleşmelerle geçiştirmenin teorisini arıyorlardı.

Kirlenme ve kirletme sürecek. Aydının öldüğü bir dünyanın verdiği rahatlıkla ucuz kataloglar yayımlanacak. Çalışanların acıları artacak.

Sorun kirletenlerde değil, onlar ne yaptığını zaten biliyor, sorun, kirlenenlerde: Görmek, duymak ve bilmek istemiyorlar.

Bu da aydının öldüğü, yeni bir doğumun beklendiği zamanlara işaret ediyor.

2 Şubat 2001

Ölçüsüz korku

Sosyal devlet, üzerinde neredeyse görüş birliği sağlanmış bir bakışa göre, Almanya'nın, bir başka ifadeyle "Ren kapitalizmi"nin ürünü.

Bir ürün: Yani bir sonuç.

Öncesi var: Yani bir geçmişi...

Bu geçmiş, 19'uncu yüzyılda gecikmiş bir kapitalizmin içinde yatıyor. Prusya tipi kapitalistleşme, ki feodal mülkiyetin zamana yayılarak kapitalist mülkiyete dönüşmesidir ve Türkiye modeline de yabancı değildir, ilginç bir laboratuar oldu. Bir bütün olarak Avrupa'da sanayileşme bütün bir 1800'ler boyunca, sadece o zamana dek görülmemiş ve belli ellerde toplanmış zenginlikler yaratmadı. O, var. Ama daha önemlisi, insanlığın daha önceleri tanımadığı bu "sınai" şiddet ve yoksullaşma, bir insanlık acısını da beraberinde taşıdı.

Günde 18 saati bulan çalışma süresi, neredeyse yürümeyi öğrenir öğrenmez üretime atılan çocuklar, "kırbaç direkleri", hayvanların bile barınamayacağı koşullarda "idame-i hayat eyleyen" milyonlar ve en önemlisi de açlık...

Avrupa'nın tarihi sadece zenginliğin değil, belki ondan daha çok, acının tarihidir. İçerdeki sefalet, piyasa ekonomisini tehdit eden toplumsal patlamalara yol açınca, bu sömürü sermayenin yeterli birikimi sağlamasıyla, önce dışarıya, azgelişmişlere aktarıldı, sonra da bir sosyal güvenlik ağına yönelindi.

Sanayileşmenin gecikerek ve topluma kan kusturarak girdiği İmparatorluk Almanyası, sosyal güvenlik sistemi üzerinden yerleşik ekonominin açık vermesini önlemeye çalışıyordu. Sol korkusuna karşı alınmış bir önlemdi.

Sosyal devlet, Ren kapitalizmi, yine de İkinci Dünya savaşı sonrasının başarılı bir ürünü oldu. Daha önce, 19'uncu yüzyıl sonunda ve bütün 1900'lerde "başarılamayan", nedense 1945 sonrasında hayata geçirildi.

Daha önce değil de, İkinci Dünya Savaşı'ndan sonra?

Neden?

Çünkü İkinci Savaş sonrası dünya ekonomisine, ille de bir isim vermek gerekirse, korku ekonomisi denebilir. Bu, "Soğuk Savaş"ın bir başka adıdır ve hatta, bakılan açıya göre, gerekçesi de sayılabilir.

Korku, aklın rafa kaldırılmasını kolaylaştırdı. En basit nedensellikle-rin bile üstü, akıl dışı sloganlarla örtülebildi. Yoksulluk vardı, zenginlik az sayıda insandan oluşan bir grubun tekelindeydi, ama bunun nedeni mevcut sistemin akıl dışı niteliğinde aranamıyordu...

"68 Almanyası"nı damgalayan Frankfurt Okulu mensuplarına göre bile, Avrupa'nın iktisat ve siyaset sahnesinde "baskıcı bir hoşgörü" egemendi.

Peki, ne oldu?

Avrupa'da birey, bir varoluş korkusu içinde, dış dünyadaki daha keskin sefaletle karşılaştırarak "ehven-i şer" diye adeta taptığı bir iktisat rejiminin kulu haline geldi.

Ren kapitalizmi, sosyal devlet, bu bireyin ebelerinden biridir.

Ancak aynı Ren kapitalizmi ve kitlelere sağlanan sosyal güvenlik olanakları, sosyalist ekonomilerin çökmesi ve yerlerini kapitalizme bırakmasıyla birlikte gereksizleşti. Zafer sarhoşluğu, Avrupa'ya geçmişte çok pahalıya mal olmuş milyonlarca işsizi ciddiye almamayı da öğretti.

Korkunun yer değiştirdiği söylenebilir: Serbest piyasa ekonomisi, sosyalist seçeneğin doğurduğu korkudan kurtulunca, artık içerdeki yığınların, iş, gelir, yaşam standardını tehdit eden atılımlara da sıcak bakmaya başladı.

Sosyal güvenlik sistemindeki kazanımlar kırpıldı. Pek kimsenin de sesi çıkmadı. Ren kapitalizmi, Anglo-Sakson acımasızlığına ve Asya tipi ucuz sömürü kolaycılığına yönelmek zorunda: Rekabet baskısı, denebilir. Ama...

Ama yönetenlerin korkuyu tarih sayması, yönetilenlerin ise bu korkuyu yayıp derinleştirerek yaşamayı "iş" bellemesi, bu kolay zafer, insanlığın yararına sonuçlar doğurmaz.

21'inci yüzyılın Avrupa'ya, 50 yıl için unuttuğu acıları tekrar hatırlatmaması, bu yer değiştirmiş korku ortamında, doğrusu çok zor. "Kosova Savaşı" ve "Yugoslav Sevr'i" belki de bir başlangıç.

Ölçülü korku, yaratıcı ve eleştirel aklın kardeşidir. Ölçüsüzlük ise yaratıcı ve eleştirel aklın ölümü. Avrupa ekonomisi böyle bir ölçüsüzlüğün kucağında artık.

9 Şubat 2001

Rejim düşürmesi

Niyetin ne önemi var? Sorulabilir ve yanıt da verilebilir: Niyetin elbette bir önemi var, ama neden ve hangi koşullarda?

Zenginlerle yoksullar arasındaki bir ilişki biçimi bu. Para, iyi niyet sahibi olmak, koşulların değişmesine yetmiyor. Daha açık da söylenebilir: İyi niyet sahibi olmak, pek bir anlam ifade etmeyebiliyor.

İktisat kokan kavramlarda kalalım; "mikro" düzeyde örnekler çok daha çarpıcı: İyi ve zengin binlerce insan, elinden gelen yardımda bulunuyor herhalde, ama yoksullar yoksulluklarını yaşamayı da sürdürüyor.

"Mikro" düzeyde böyle de, "makro" düzeyde sanki farklı mı? Benzerlikler var.

Devletleri ele alalım. İhracat zengini bir ülke ve devleti, acaba mevcut koşullarda herhangi bir değişiklik sağlayabilir mi?

Eğer tek tek insanlar açısından, bunlar tüketici olsun, üretici firma olsun, fark etmez, pek bir şey değişmiyorsa, yani zenginliklerinin kaynağı, niyetlerindeki iyiliğin etkili olmasını engelliyorsa, durum neden başka bir düzlemde kökünden farklı olsun?

BSE ve onu gerçekten fazlasıyla andıran Türk medyası örnek alınabilir. Yerleşik beslenme rejiminden zengin olanların, bu rejimi tehlikeye düşürecek önlemlere "Evet" demesi mümkün müydü? Değildi. Onlar da doğru bildikleri yolda, doğanın gereksinimlerini hiçe sayarak yürüdüler, zengin oldular ve milyonlarca yılın ürünü bir dengeyi birkaç onyıl içinde parasal hırslarına kurban edebildiler. Denge kendisini hissettirince de, sonuncusu BSE, nedense yıllardır bu yolu seçtiklerini, eğer seçmeselerdi birer "parasal hiç" olacaklarını gördüler.

BSE'nin kurbanlarına, başka bir düzeyde, Türkiye'nin Turgut Özal'dan bu yana bol bol kupon, çıplak kadın, sosyete dedikoduları, mafya ve serbest piyasa ekonomisi satan boyalı medyası karşılık geliyor.

Şartları iyi değerlendirenler paraya boğulmuş, bu arada bir medya üretim ve tüketim rejimi de yaratmışlardı. Yığınların cazibesini üzerinde toplayan bu "beslenme rejimi" (eh, sonuç olarak medya da bir beslenme rejimine karşılık geliyor), üreticisi ve tüketicisiyle bir anda ortada kalıverdi. BSE'nin Avrupa tarımında yarattığı şok ile Türk medyasındaki art arda yaşanan şoklar, birbirine sanıldığından çok daha fazla benziyor.

Zenginlikten "nasiplenen" herkes, patronlar ve çalışanlar, katkıda bulundukları bu rejimin kurbanı haline geliverdiler.

Devlet örneği de var. Bir ihracat şampiyonu olarak Almanya'ya bakabiliriz: 1 trilyon mark sınırını aşan bir ihracat hacmine sahip bu ülke, azgelişmişler karşısında acaba ne kadar "destekçi" bir politika izleyebilirdi?

Burada iyi veya kötü bir niyet aramak gereksiz. Önemli olan, mevcut rejimin kime yaradığını bilmektir.

Dünya ticaretinden kârlı çıkanların, zararlı çıkanların lehine büyük girişimlerde bulunması mümkün olmuyor. Olamıyor.

Alman hükümetinin "Kızıl Heidi"si, Federal Kalkınma Bakanı Heidemarie Wieczorek-Zeul, göreve geldiğinde, uluslararası arenada geçerli bu adaletsiz ilişkiler ağına son vermek için çaba göstereceklerini duyurmuştu.

Zaman geçti.

Bir şey olmadı. Olan da beklentilerin tam tersi bir görünüm "arz etti". Bakanlığın kendi rakamlarına bakıldığında da açıkça görülüyor: Sosyal demokrat ve çevreci bir koalisyon hükümetinin kalkınma politikaları ve yoksullukla mücadele için yaptığı harcamalar, muhafazakar

Helmut Kohl hükümetlerinin gerisinde. 2000 yılı bakanlık harcamalarında yüzde 8.5 oranında bir gerileme saptandı. Devlet bütçesi içindeki Federal Kalkınma Bakanlığı bütçesinin payı 1990 yılında yüzde 1.94 idi. Bu yıl yüzde 1.51'e düşmesi bekleniyor.

Piyasa mekanizmalarından kazançlı çıkanlar, işe istedikleri kadar temiz duygularla başlayabilir. Rejimin sınırları, onları esir alacaktır.

Yani, BSE olmasaydı da, bu beslenme rejiminin yarattığı zenginlerden pek bir şey çıkmayacaktı.

Benzerlik var, dedik: Türkiye'deki medya çürümesi, diğer sektörleri de kendi pervasızlığına ortak edip aşağı çekmeseydi, tersi de doğru tabii, pek bir hareket gözlenmeyecekti.

Bakılınca ve görmek istenince görülüyor: En iyi niyetli zengin hükümetler bile, uluslararası adaletsizliğe karşı çıkacağını ilan edip, harcamalarını rahatça kısabiliyor.

Türkiye veya Avrupa, fark etmez: Yürürlükteki akıl dışı sistem, kendi iç dinamikleriyle çatırdıyor. Yani "deniz bitiveriyor". Akıl tutulması, bu sonun görülmesini engelliyor, çünkü görmek istemeyen görmüyor.

16 Şubat 2001

Hortum ekonomisinin başbakanı üzülmüş...

Neresinden bakılırsa bakılsın, her parça bizim yüzümüze yansıyor, aklımızda ve yüreğimizde yankılanıyor. Avrupa'dan bakmak, Türkiye'nin adresini unutmuş olmak anlamına gelmiyor çünkü ve galiba en çok da bu nedenle, her çıkışsızlıkta, aradaki binlerce kilometreye rağmen, kendi payımızı arıyoruz.

Bunu, ister istemez yapıyoruz.

Belki de farkında olmadan yapıyoruz.

Türkiye ekonomisinin daha önceleri hiç olmadığı kadar ağır bir krizin pençesinde olduğunu herkes görüyor. Söylüyor da. Sürekli de yazılıyor. Ama içimizi burkan bu değil.

İç burkan, çarenin olmadığına dair, kayıp kıta Atlantis'e evsahipliği yapmış o topraklarda, yani Anadolu'daki yaygın inançtır. Çaresizlik, yayılıyor. Görünen o.

Ama trajik sonuçları var bu inancın. Yeni yeni ortaya çıkmaya başladı. Daha önce olmamış şeyler, şimdi oluyor, şimdi yaşanıyor. Bir devlet başkanı, Ahmet Necdet Sezer, dürüst olduğu konusunda görüş birliği sağlanmış bir başbakana, Bülent Ecevit, yolsuzlukla mücadeleyi engellediği uyarısında bulunma gereği duyuyor. Ülke hortumlanıyor, ama bu başbakan, uyarılınca, "Ben böyle küstahlık görmedim" diyor. Üstelik bunu, ciddi bir denetim rüzgarına takılmak üzere olan grupların gazete ve televizyonlarına, manşet olarak veriyor.

İlhami Soysal'ın, 20 yıl kadar önce, bu satırların yazarına henüz bir üniversite öğrencisi ve gazeteciliğin ilk adımlarındayken söylediği bir gerçeği, Bülent Ecevit kanıtlıyor: Böylesi bir iktidar hırsı, hiçbir Türk politikacısına nasip olmamıştır. İlhami Sosyal ile aynı günlerde, onun gibi bir başka güzel Türk insanı, Doğan Avcıoğlu, yine bu satırların yazarına, Küçük Çamlıca'daki evinde, 1979 yılı sonbaharında, "Ecevit her şeyi yapabilecek biridir, dikkat edin" diyor ve solcuları uyarıyordu. Ecevit, işte 20 yıl önceki bu saptamaları, ömrünün akşamında ve bir ülkeyi, halkıyla beraber yerle yeksan etme pahasına yeniden doğruluyor.

Bir iktisat rejimi çöküyor.

İnsanlar, insanlık dışı koşullarda yaşıyor.

Türkiye'de her gün yeni bir Roma yanıyor.

Bu yangın yerinde, dürüstlüğü konusunda görüş birliği sağlanmış bir devlet başkanı tarafından dillendirilen olağan uyarıların, neden böyle telaşlı bir velveleye yol açtığını sormak pek az insanın aklına geliyor. Türkiye'nin en büyük hırsızlıklarının, eğer Bülent Ecevit'in sorumluluğuna, yani iktidara veya muhalefete ortak olduğu dönemlerde gerçekleştirildiği ortaya çıkarsa ve bunlardan bu politikacının kişisel çıkar sağlamadığı da bilinirse, acaba böyle bir tutumdan bir sorumsuzluk, yani sorumlu tutulamama sonucu mu çıkar?

Başka türlü bakalım: Türkiye'de yolsuzluk ve rüşvetle mücadele, acaba birkaç uluslararası kuruluşun diretmesiyle mi başladı? IMF veya Dünya Bankası istedi diye mi, bunlar oluyor?

Türkiye ekonomisi, Avrupa ekonomisinin bir parçası olarak, neoliberal serbest piyasa ideolojisinin dağıtıcı dayatmalarıyla öyle bir çıkmazın içine girdi ki, buradan pek öyle birkaç hesaplaşmayla çıkacak gibi görünmüyor.

İki üst düzey politikacının farklı düşünmesi, bunlardan birinin ağlamaklı bir sesle medyaya dert yanması sonucunu veriyorsa ve borsa geriliyor, bir anda 5 milyar doların ülke dışına kaçtığı ilan ediliyorsa, bu ne anlama geliyor? Borsanın kavgasız gürültüsüz ortamı sevdiği, sermayenin de bu denklemin bir parçası olduğu anlamına mı geliyor yoksa?

Bir ülkede yapılan yatırımların kârlılığı sorunlu ise, sermaye gelmez veya mevcut sermaye de kaçar. Yabancı veya yerli, sermaye kaçar. Ama bu, kârlılık ile birinci derecede ilgili bir şeydir. Bu, hep böyledir. Bir ülkenin cumhurbaşkanı ile başbakanının tartışma üslubu, kimseyi ilgilendirmez. Örneğin, Alman Dışişleri Bakanı hakkında yalan yere ifade vermekten savcılık soruşturma açabiliyor ve bu, reel ekonomisi başta olmak üzere gerekli bağlantılara sahip bir ortamı, bir ülkeyi hiç etkilemiyor.

Türkiye ekonomisi, ağır bir iç pazar sorunu yaşıyor.

Ama 20 yıldır, iç pazarın değil, ihracatın önemli olduğunu, çalışanların değil servet sahiplerinin önemli olduğunu, zenginlerin sevilebileceğini, aslolanın şu ya da bu şekilde, kafayı kullanarak köşe dönmek olduğunu duymuş, buna biat etmiş bir halk, ne yapsın?

Tarih, bazen toplumların önüne birtakım sorunlar çıkarır ve ne yazık ki bu ölümcül sorunların farkına çok az sayıda insan varabilir. Bunların içinden de küçük bir parça, tek tük beyinler belli çözümler önerebilir.

Bunun seçkincilikle bir ilgisi yok.

Bunun aydın olmakla ilgisi var.

Ekonomiler çökebilir. Her çöküş, çöküşün sorumluları kadar, çözüm sağlayabilecek yeni ve müthiş insanları da beraberinde getirir. En büyük şaşkınlıklar ve güzellikler, büyük bir çirkinliğin hüküm sürdüğü zamanların çocuğudur.

İyi, namuslu ve sorumlu bilinenlerin, tam tersi bir profile sahip olduğu, kayıtsız ve yeteneksiz olarak damgalananların ise her türlü acıya karşı göğsünü siper edecek bir kararlılığa sahip bulunduğu, hep böyle zamanlarda ortaya çıkar.

Şaşırtır.

"Hortum ekonomisinin", bazen böyle yan ürünleri de olur.

23 Şubat 2001

Piyasanın görünmeyen eli ve kriz tokadı

Bir şey olmalı, bir şeyler, ama bilinemeyen, görülemeyen bir şeyler... Var mı? Gerçekten de görülmüyor mu, bilinemiyor mu?

Söz konusu olan, acı sonuçlarıyla büyük iktisadi krizlerdir. Bu krizlerin, bir anda binlerce ocak söndürebildiğini, binlerce, milyonlarca insanın rüyaları, sevgileri ve yaşama sevinciyle birlikte insanlık dışı koşullarda yaşamaya mahkum kaldığını herkes biliyor oysa...

Bilinmemesi mümkün mü? Bu dünyada 4.5 milyardan fazla insan, şu biz iktisatçıların "azgelişmiş" diye etiketlediği, 122 ülkede yaşıyor. Ama bu insanların ezici çoğunluğu da hiç öyle insanca bir yaşam sürdüremiyor. Geçen yıl, dünya nüfusunun yüzde 13'lük bir bölümü yeryüzünde üretilen mal ve hizmetlerin yüzde 85'ini tüketti.

Bu, ne demek?

Bu, dünya nüfusunun yüzde 87'lik ezici çoğunluğunun, bu güzel dünyada üretilen mal hizmetlerin yüzde 15'ini tüketebilecek değerde, onurda, saygınlıkta vs. olması demek.

Bu, bir aşağılama.

Bu, korkunç ve kanlı bir oyun.

Ama bu, insanlığın büyük bölümünün, yaşanan krizler ve sönen ocaklar, insanlık dışı koşullar hakkında yeterli bilgiye bizzat yaşayarak sahip olması demek değil midir?

Öyledir. Bilmek durumundalar.

Türk krizi de böyle geldi.

Herkes biliyor ve fakat hiç kimse bilir gibi görünmüyordu. Birdenbire vurdu. Ankara, tarihindeki en çirkin vodvillerden birine sahne oldu. Yaşanan bayağılıkları ve hasır altı etme politikalarını "Yetti artık, bu nedir?" diyerek reddeden bir cumhurbaşkanı ile sürtüşerek, yaşamında hiçbir çözüm görmemiş bir yaşlı politikacı, Ecevit, anlaşılan "politika yaptı". Mevcut yasaları da çiğneyerek MGK'dan alı al, moru mor çıktı ve dert yandı. Böylece yaşanan krizi ilan etti. Sonra, bu kendisinin her yönden haksız olduğu bir tartışmanın sonuçlarını açıklarken, "Ekonomide krizin zaten olduğunu, şimdi patladığını" söyledi. Oysa...

Oysa, daha geçen yaza doğru Frankfurt'ta uluslararası finans dünyasına, Türk yolunun başarısını satmaya çalışan Merkez Bankası Başkanı Gazi Erçel, akıcı İngilizcesi ile gelişmeleri özetler ve tutulan yolun sonunda selamete çıkaracağını anlatırken, içerden aldığı desteği öne çıkarıyor, ama uluslararası mali piyasa temsilcilerinden de doğrusu pek öyle bir itiraz görmüyordu.

Bundan nasıl bir sonuç çıkar?

Bundan şöyle bir sonuç çıkar: Ankara, içinde bulunduğu kaotik sürecin farkında değildir, ama, dış dünya, hani şu her şeyi bilen Avrupa ve ABD de pek bir şeyin farkında değildir.

Mali sermaye, inanılmaz boyutlarda şişen bu büyük piyasa, artık üretilen mal ve hizmetlerin değerinin çok çok üzerindedir. Şu anda dünya üzerinde üretilen mal ve hizmetlerin toplam değerinin tam 153 katı bir sermaye ile karşı karşıyayız ve buna, parasallığını da vurgulamak için, çeşitli kaynaklarda "mali sermaye" diyoruz. Sanal bir imparatorluk bu. Kötücül. Ahlaksız. Acımasız.

Türkiye gibi, milli gelirinin en az yarısı "kayıt dışı" tabir edilen sektörlerde yoğunlaşmış bir ülkedeki mali sermaye hacminin, reel mal ve hizmetlerin kaç katı olduğunu saptamak çok zor. Aslında da mümkün değil. Bir tahmin yapmak bile çok zor. Ama dünya ölçeğindeki oranı pek aratmayacak ölçülerde bir sapmanın ortada bulunduğunu söylemek mümkün.

Bu bilinmezliği, serbest piyasa ideolojisinin geçmiş ve gelecekteki tüm peygamberleri "piyasanın görünmez eli" olarak kayıtlara geçiyor.

Piyasanın görünmez eli yüzünden krizlerle karşılaşınca da, kriz merkezleri ve bu merkezlerden sermayesini apar topar güvenli limanlara kaçıranlar, böyle kaotik bir belirsizliğe bilim adını yakıştırmakta güçlük çekeceklerini anlıyor ve "makul" gerekçeler üretiyorlar.

Peki, sürekli övülen bir ekonomi böyle birdenbire yere yapışınca, arka planda çok yanlış bir şeylerin dönmüş olması gerekmiyor mu? Hükümetler, partiler, ekonomiyi yönlendirenler ve hatta halk yığınları... Ayrıca da bu yolu öven, Ankara'nın yakını Avrupa ve Amerikan başkentleri...

Hiçbir şey görememişler. Bilememişler.

IMF, Dünya Bankası, Türkiye'nin yöneticileri kadar, Avrupa'nın o herkesin iç geçirdiği mutlu azınlık demokrasileri de bilinçsizliklerini, dünyadan ve insandan habersizliklerini böyle birden patlayan krizlerle kanıtlamış olmuyorlar mı?

Bilgisizlik, insanlığın büyük bölümünün yaşadığı acılara kayıtsızlık ve vurdumduymazlık, iktisat teorilerine "görünmeyen el" masallarıyla girdiğine göre, pek olmuyorlar herhalde.

Yoksa tersini iddia etmek gerekecek: Yani, örneğin, Türkiye'nin 70 milyonu, böyle acıları bilerek ve isteyerek çekiyor. Bu acılı süreci Berlin, Paris, Brüksel de biliyor ve istiyor...

"Görünmez elin" en büyük düşmanı, herhalde, aklın o görünür ve düzenleyici, yani kurucu, planlayıcı, test edici ve sürdürücü elidir.

2 Mart 2001

Büyük ucuzluk

Sorumluluk ve sorun, üst üste çakışmıyor her zaman. Yani sorumlular, her zaman sorunları üstlenmiyor. Üstlenmeyebiliyor. Bu, Avrupa'dan Türkiye'ye bakınca da görülüyor.

Bir soru şu olabilir: Türkiye ekonomisindeki kriz, öncelikle hangi uluslararası merkezi ilgilendiriyor acaba? Bu merkez veya merkezler, ağırlıklı olarak Amerika'da mı, yoksa Avrupa'da mı?

Uluslararası Ödemeler Bankası (BIZ) daha önceden yaptığı ve kamuoyunun bilgisine sunduğu raporlarda açık yanıtları vermiş görünüyor. Biri, bir finansman krizi içindeki Türkiye'nin dışardaki en büyük alacaklılar grubunun Avrupa'da bulunmasıdır. Özellikle de yaşlı kıtanın tam ortasında: Almanya'da.

Başka bir ifadeyle: Türkiye krizinden birinci derecede etkilenecek olan bankalar, kendileri ne derse desin, Alman bankaları. Gerçi son aylarda epey bir para çektikleri basına da sızdı. Ama BIZ verilerine göre, Eylül 2000 itibariyle Türkiye'nin sanayileşmiş ülke bankaları nezdindeki borçlarında ilk sıra Federal Almanya'nın. 12 milyar 118 milyon dolarlık dış borcun, bir başka deyişle Türkiye'ye açılan kredinin sahibi Alman bankalarını, ikinci sırada, büyük farkla geriden üstelik, 4.7 milyar dolarlık bir kredi hacmiyle Amerikan bankaları izliyor.

Demek ki, Türkiye'deki mali krizin dışarıdaki en büyük "müşterisi", Almanya. Alman bankaları.

Bu, önemli değil. Önemli olan, Berlin'in, Türkiye ile ilgili her konuda, sanıldığından çok daha sessiz bir politika izlemesi. Özellikle iktisat politikalarında bu, böyle.

Neden acaba?

Türkiye ekonomisi, ağır bir krizin pençesinde kıvranırken, bu ülkenin dışarıdaki en büyük ortağı, müşterisi ve alacaklısı, Berlin, pek sesini çıkarmıyor. Eleştirdiği bir şey yok. Birileri arada bir "insan hakları" falan diyor, hepsi o. Gelişmelerle ilgili pek bir ipucu veya eleştiriye rastlanmıyor.

Neden?

IMF politikalarının çok başarısız olduğunu söylemek, bu kurumun başında bir Alman, Horst Köhler olduğu için mi, uygun karşılanmıyor acaba? Kuşkusuz, hayır. Artık eleştiriler değil, suskunluklar ve bu suskunlukların arkasında yatan pazarlıklar üzerinde düşünmek zamanıdır.

Yani, Türkiye'nin en büyük dış ticaret partneri Almanya. Büyük farkla hem de. Bunun hiç mi bir anlamı yok?

Türkiye Alman silahlarının en büyük alıcısı.

Herhalde bunun da bir anlamı yoktur.

Türkiye Alman tekstil makineleri ihracatının en büyük müşterisi. Geçtiğimiz yıllarda üst üste ABD'nin de önüne geçecek kadar aç bir pazardı Türkiye Alman tekstil makineleri imalat sanayii açısından.

Türk tekstili ağır bir kriz yaşıyor.

Neyse, bu da belki önemli değildir.

Türkiye'ye en fazla kredi veren kurumlar, Almanya merkezli ve Türk bankacılığı ağır bir kriz yaşıyor.

Olabilir.

Türk turizmi bu yıl, son yıllarda pençesinde kıvrandığı bir krizden kurtulmaya çalışıyor. Olabilir mi? Bilinmiyor. Ama Türkiye'yi geçen yıl 10.4 milyon turist ziyaret etti ve bunun 2.3 milyona yakını Almanya'dan geldi. Onu ikinci sırada BDT 1.3 milyonla izledi. Üçüncü sırada 915 bin turistiyle İngiltere var.

Bu yıl da Türkiye'ye Alman turist yağacağı söyleniyor. Ama bu sektör de büyük krizin bir parçası. Alman suskunluğu sürüyor.

Alman bir anneden doğan bir Türkiye Cumhuriyeti vatandaşı, öyle söyleniyor, Kemal Derviş, Dünya Bankası'ndaki kariyerinden sonra Türkiye'yi çıkmazdan kurtarmak üzere "dümene" geçiyor. Kalıcı olduğu yolundaki işaretler çok. Hatta kendisinin gelmediği, Washington tarafından görevlendirildiği açıkça yazılabiliyor.

Başında bir Alman'ın, Horst Köhler, bulunduğu IMF politikalarıyla ve "Spiegel"in tanımlamasıyla "uçuruma körü körüne koşan Türkiye" için çare aranıyor ve Almanya'dan çıt çıkmıyor.

Neden?

Paul O'Neill gibi, Türkiye'nin dünya üzerindeki yerini uzmanları olmadan kendi başına haritada gösterebileceği bile kuşkulu biri, çeşitli çevrelerde kavrayış zenginliği alay konusu olan bir Amerikan başkanının Maliye Bakanı, 11.5 milyar dolarlık yardım programını savunmaya devam ediyor, bazı soruları olduğunu da ima ve ihsas ediyor, ama bir şeyler söylüyor.

O bile bir şeyler söylüyor. Almanya, sessiz.

Neyse, bunların herhalde pek bir önemi yok.

Ama şunun önemi var: Türkiye çok ucuzladı. Türkiye belki de hak etmediği kadar çok ucuzladı. Son olarak yüzde 40'ları bulan devalüasyon, yabancılara, rahatça üstüne geçirebileceği bir banka ve sanayi mezarlığı bıraktı.

Türkiye bu tekstil ve turizmle mi "kurtulacak"? Türkiye bu iki sektörle, içinde çırpındığı bu bataklığa, zaten mahkumdur. Çürür.

Boğaziçi paniğinde, banka, tekstil ve turizmin payı var. Bu sektörlerin kalkınmayı hızlandırdığını iddia ediyorlar. Peki, bu sektörler, yaşanan gerilemeden hiç mi sorumlu değil?

9 Mart 2001

Markalara savaş

Kanadalı genç ve hoş bir kadın, bir süredir özellikle Anglo Sakson piyasasında ortalığı karıştırıyor. 3-4 yıl kadar önce neoliberal politikaların getirdiği "ekonomik terörü" yazan bir Fransız kadın gazetecinin, Viviane Forrester, Kıta Avrupası düzeyinde yaptığını, başka ölçüler içinde bu genç yazar yapıyor. Naomi Klein, dünya markalarına karşı açtığı savaşta, şu sıralarda Almanca olarak da yayımlanan kitabının etkisiyle, sandığından da büyük güç toplamış bulunuyor. Medyanın ilgisi, üzerinde.

Neden?

Başka türlü de sorulabilir: Genç, hoş bir kadın olmak ve eli kalem tutmak, acaba böyle bir sektörde ses getirmek için yeterli mi? Yoksa konulan hedefler ve bu hedefe varırken kullanılan yöntemler, özellikle de bu alanda kullanılan üslup mu önemli?

Çok Ülkeli Şirketler, Türkçe içinde bir dönem "ÇÜŞ" diye kısaltılırdı ve güçlerine bakılınca da doğrusu bir dizginleme gereksinimi duymamak mümkün değil, böyle girişimleri de provoke ediyor.

İngiliz gazetesi The Observer'in "No Logo" başlıklı kitabını "yeni Kapital" olarak tanımladığı Naomi Klein, küreselleşme karşıtlarının yeni yıldızlarından biridir artık ve kendisi istemese bile "sahne almış" bulunuyor.

Geçtiğimiz günlerde Berlin'e de gelen Klein, araştırmalarında insanlığı dev firmaların dünya egemenliğine karşı uyarıyor. Devlerin kendi ülkelerinde üretim merkezlerini kapattığını, imalata yönelmediğini ve marka üretimini serbest ticaret bölgeleri başta olmak üzere Üçüncü Dünya ülkelerinin uygun koşullarına aktardığını hatırlatan Naomi Klein için, markaların egemenliğine karşı çıkmak, marka ve simgelerin günlük yaşam içindeki egemenliğine karşı çıkmak demek. İyi.

Demek ki, bazı simgelere karşı çıkınca, bir egemenlik biçimine karşı çıkılmış oluyor. Bu da iyi.

İyi de, bu kadar basit mi?

Dünya markalarına savaş ilan eden bir kitabın, bir başka dünya devi, Bertelsmann bünyesinde Almanca konuşan dünya okurları için piyasaya çıkması bir çelişki değil mi?

Pek değil.

Şu sıralarda büyük markalara karşı çıkmak, onları silkelemek hiç de sanıldığı gibi "yıkıcı ve bölücü" nitelikler gerektirmiyor.

Şimdilerde ABD bile IMF ve Dünya Bankası'nı eleştiriyor.

Washington, özellikle IMF'yi bu kadar açık bir dille eleştirmese, tüm siyasi kariyeri IMF politikalarını uygulamaya sokmak olan bir politikacı, Bülent Ecevit, bu dünya markasını sosyal tarafı zayıf olmak ve Türkiye'deki sorunları anlamamakla suçlayabilir mi?

Şimdilerde markalara karşı çıkmak moda. Markalar arasındaki mücadele, böyle ara yollar da açabiliyor. Marka egemenliği, bir kriz dönemecine girince de kendisine karşı çıkmayı kolaylaştırıyor, hatta gerektiriyor.

Bu moda ile gelen rüzgarın etkisinde kalmak, demek ki, piyasalarda yeni yeni köşeler bulma şansını da arttırıyor.

Eğer Üçüncü Dünya ve diğer gelişmekte olan ülkeler, Arjantin, Meksika, Uzak ve Doğu Asya ülkeleri, Brezilya, Türkiye, Rusya art arda başarısızlığı kanıtlanan IMF ve Dünya Bankası politikalarının acısıyla yanmasalar ve bu krizler dünya sistemini tehdit etmese, böyle araştırma ve kitapların aynı şekilde yığınsal bir şansı olabilir mi?

Dolayısıyla, içten içe "zengin merkezlerden" gelen olumlu işaretler de yok değil. Dünya markalarının egemenliğine karşı çıkan bir kitabın, bir dünya markası tarafından basılması ve piyasaya sürülmesinin anlamı, biraz da buralarda.

Ancak araştırmacılar ve yazarlar, belki politikacılardan biraz daha namuslu ya da daha az kirlenmiş kalabiliyor.

Dünyada hâlâ etkisi hissedilen neoliberal ekonomiler döneminin altın çağında, Reagan, Thatcher, Kohl ve Özal gibi çalışan sınıfların kanı ve teri üzerinden iktisat politikası önerdiğini düşünen siyaset sınıfları, sonunda işleri iyice karıştırdı. Böyle olunca, bu tür kitaplar ve gazeteciler için de tepki gösterme ve tepkiyi iyi bir işe çevirme olanağı doğuyor.

Sonuçta, yapılan işin, örneğin Naomi Klein açısından düzgün bir yanı da var. Ama koşullar, Klein gibilerin içsel dürüstlüğünden tümüyle bağımsız, hatta IMF gibi yangın çıkarma merkezlerinin kötü niyetinden de etkilenmeksizin, yeni bir çıkışsızlığa işaret ediyor. Yığınların önüne birkaç günah keçisi atmak gerekiyor. Klein ve meslektaşları, yeni dönemde, sistemin temellerini sarsmadan bazı günah keçilerini sahneye sürme görevini, belki bazen hiç farkında olmadan, üstelenebiliyorlar.

Ama elbette yararlı işler de yapmış sayılıyorlar. Yeni bilgiler üretebiliyorlar.

Haksızlıklara, adaletsizliklere dikkat çekmeyi başarıyorlar.

Bir tek, ardı ardına gelen ekonomik ve toplumsal krizlere engel olamıyorlar.

Abartısız bir ilgiyi hak ediyorlar. Ama hepsi o.

23 Mart 2001

Fantom etkisi

Avrupa iş dünyası, henüz gelişmeleri tümüyle kendi gözlüklerini kullanarak değerlendirme alışkanlığı kazanmış değil. Dolayısıyla Washington'dan bakılınca, Türkiye'deki kriz, etkileri itibariyle oldukça uzak görünüyor ya, Berlin, Paris, Brüksel ve Roma da bu alanda farklı bir tutum almayı düşünmüyor. Herhalde...

Başka türlü de söylenebilir: Washington'daki uzmanların "Bu kriz bize pek fazla dokunmaz ve dünya mali piyasalarında korkutucu dalgalanmalara neden olmaz. En azından şimdilik, bu iş böyle" dediği bir sürece, doğrusu Avrupalıların farklı teşhis koyması da beklenmiyor.

Türkiye'nin ABD'den ithal ettiği ya da Türkiye'ye ABD'den ihraç edilen yeni kurtarıcı Kemal Derviş, Berlin'de, Federal Almanya Maliye Bakanı'ndan ABD'ye yönelik bir açık işaret aldı. Hans Eichel, önce IMF'nin, ancak ondan sonra Avrupa ve Almanya'nın devreye girebileceği yolunda sinyal vermiş oldu. Demek ki, Türkiye'deki ekonomik bunalımın boyutları, şimdilik dünya sistemini rahatsız etmiyor. Bölgesel bir sıkıntı olduğuna inanılıyor.

Ama Türkiye para arıyor. Dünya borsalarındaki gerilemenin gündemi belirlediği, uluslararası piyasalarda ciddi gerginlikler yaşandığı bir dönemde, Türkiye, sermaye arayışı içinde.

Aslında, ABD ve Japonya'daki konjonktürel gerilemelerin Avrupa'ya sıçramasından korkuluyor. Dünya borsalarındaki gerilemenin önüne geçilemiyor ve ABD'den sonra, Avrupa'daki borsalar da ciddi sinyaller veriyor; inişin simgesi "ayılar" sahneyi ele geçirmiş, yükselişin simgesi "boğalar" ise çekilmiş durumda. Bu sinyaller artık Avrupa Merkez Bankası'nın gündemine de girdi.

Nitekim Avrupa Merkez Bankası (AMB), başekonomistine bakılırsa, bu sürecin olumsuz etkilerinden korunmak için harekete geçmeye hazırlanıyor. Avro bölgesi için ekonomik büyüme hızı tahmininde bazı geri adımlar atılacak. Ancak hâlâ bekleniyor, çünkü ABD'deki konjonktürel hareketlenmelerden kesin sonuçlar çıkarılmış değil. İşte, AMB Başekonomisti Ottmar Issing, geçtiğimiz günlerde, bütün öngörülerin gözden geçirileceğini ima etti. Bu mesaj, ilgili çevrelerce alınmış görünüyor.

Oysa artık en ortodoks iktisatçılar, yani "serbest piyasa ve hür teşebbüs" deyince gözleri yaşaran "iktisat memurları" bile, eski çamların bardak olduğunu, Avrupa'nın, özellikle de "avro ülkeleri"nin ABD'ye fazla bağlı bir ekonomiye sahip bulunmadığını, hiç değilse özel sohbetlerinde bol bol dile getiriyorlar. ABD ekonomisindeki olumsuz işaretler, Avrupa'nın görece ve kısmen bağımsızlaşan ekonomisini elbette etkiliyor, ama eski ölçüler içinde değil. ABD nezle olunca, Avrupa zatürree geçirmiyor.

Başka türlü de söylenebilir: Almanya'nın motor olarak başı çektiği bir ekonomik blok için ABD, hiç de sanıldığı kadar büyük bir ağırlığa sahip değil. Örneğin Almanya'nın bir ihracat ülkesi olarak yarattığı toplam hasılanın sadece yüzde 3'lük bir bölümü, ABD'yle dış ticari ilişkilerden kaynaklanıyor. Toplam milli gelir, iç piyasa ile diğer AB ülkelerindeki talebin bir fonksiyonu. Ama bir şey var.

Arada bir şey var; bir tür korku ve bu, "fantom etkisi"ni anımsatıyor. Savaş veya ağır ameliyatlardan sonra, bir uzvunu kaybetmiş insanlarda, o kaybettikleri uzvun, diyelim kolun, hâlâ yerinde durduğu duygusunu...

ABD ile Avrupa ekonomileri arasında böyle bir yanılsama da varlığını koruyor ve bazı iktisatçılar, son yıllarda artan oranda bunun olumsuz sonuçlarına dikkat çekmeye başladılar. Avrupa'nın, özellikle de Almanya'nın, sermaye arayan Türkiye'ye ilk kapı olarak Atlantik ötesini göstermesi, bu fantom etkisiyle kısmen açıklanabilir. Ancak açıklanamayacak olan, Washington'dan Türkiye üzerine yapılacak olan değerlendirmelerin, Avrupa ve Almanya açısından da aynı anlam ve önemi taşıyacağı inancıdır.

Küreselleşme, sanıldığının tersine, tam bir sınırsızlık değil. Sınırları var. Bazı bağımlılık biçimleri gerçi ortadan kalkıyor, ama yeni bir ilişkiler ağı içinde yeni bağımlılıklar doğuyor. Avrupa ekonomisi, kendisinin doğrudan bir parçası olan Balkanlar ve Türkiye gibi bölgelerde, yalnızca Atlantik ötesinden gelen işaretlere göre hareket edince, en azından yeni sürecin ve koşulların farkına varamadığını gösteriyor.

Amerikan ekonomisi resesyonun kapısını çalar, Japonya'da durum daha da kötüye giderken, bu sürecin aynı ölçülerde Avrupa ekonomisinde yaşanmaması, acaba bir tesadüf mü?

Ya da ek bir soru: Türkiye'deki kriz ve çözüm sürecine, uluslararası uzmanlar, Atlantik ötesinden hareketle mi bakacaklar, yoksa Avrupa'dan hareketle mi?

Bunlara kısa ve net yanıtlar vermek mümkün değil. Çünkü, yerel bir süreç olarak küreselleşme, sınırların tümüyle geçersizleştirilmesi değil, tersine, yeni sınır ve bağımlılık ilişkilerinin sahneye çıkması demek. Ama alışkanlıklar ve eski bağımlılıklar birdenbire gündemden kalkmıyor. Dolayısıyla birden patlayan krizlere önce eski alışkanlıkların çerçevesinden bakılıyor ve eski ölçülerle değerlendirmeler yapılıyor.

Avrupa ekonomisinin büyüme hızı düşecek. Bizi ilgilendiren ise, iki yüzlü bir süreç: Avrupa ekonomilerini geri adımlar bekliyor ve böyle bir ortamda Türkiye, elinde mum, hem adam, hem de sermaye arıyor.

Balkanlar cayır cayır yanarken üstelik ve Berlin, Washington'a "Böyle de olmaz ki" serzenişlerini, hâlâ perde arkasından seslendirirken...

30 Mart 2001

Savaş kokuyor, sadece Balkanlar'da da değil

Üç büyük uluslararası merkez, dünya ekonomisinin üç kutbu, ABD, Japonya ve AB, borsalardaki gerilemenin bir dünya ekonomik krizine dönüşmesi için sanki elinden geleni yapıyor. En azından, öyle görünüyor.

Ortada üç sorun var.

Bir: Amerikan ekonomisi soğuma bir yana, açık bir resesyon ile stagnasyon arasında koşuşturuyor. Yumuşak iniş hesapları tutmuş değil. Konjonktürel ve kolayca üstesinden gelinebilecek bir sorunla karşı karşıya olunmadığına inananların sayısı iyice arttı.

İki: Japonya'nın yapısal kriz büyük tehlike. Amerikan büzülmesi, bu pazara bağımlı Japon ekonomisi için ağır bir darbe oldu. Japonya'daki çanlar Tokyo'nun kendisine bağladığı Asya pazarı için de çalıyor. Durum vahim.

Üç: Avrupa Birliği ekonomisi büyüme hızında bir gerilemeyle karşı karşıya. IMF bile tahminlerinde indirime gitti.

Türkiye, Rusya, Arjantin gibi istikrarı dürbünle arayan bölgeler, tehlikeli patlamaların arifesinde; krizin giderek derinleştiği bir tarihsel dönemde, buralardan "kötü şakalar" çıkabilir.

Önemli olan, yeni savaşların gündeme ağırlığını koymasıdır.

Avrupa'nın tam orta yerindeki kanlı tiyatro, Balkanlar, iyi bir örnek.

Kimse artık görünür bir gelecekte Balkanların huzur ortamına kavuşmasını beklemiyor. Aynı şey Türkiye için de söz konusu. Sırbistan'da veya Yugoslavya Federal Cumhuriyeti'nde oynanan oyun, kimileri için tapılacak bir politikacı olmayabilir ama, Miloşeviç'in serbest seçimlerde ve halkın açık desteğiyle iktidara gelmesi, Yugoslavya'nın bütünlüğü için kamu ağırlıklı bir politikadan yana çıkması, onun, Kostuniça başta olmak üzere Cinciç ve diğerleri ile, yani Türkiye'nin geçen yüzyılın ilk çeyreğindeki Damat Ferit'i ve Fransa'nın İkinci Dünya Savaşı'ndaki utanç verici Vichy rejimini hatırlatan bir kampla karşı karşıya kaldığı ve yenildiği gerçeğinin göz ardı edilmesini gerektirmiyor. Böyle bir teslimiyete çok sık rastlanmazdı. Küreselleşme, yani parçalanıp savaşla yıkılan bir ülkeye, Washington'ın izniyle Batı'dan alınacak birkaç milyar dolar ve böylelikle içerdeki demokrasinin finansmanı, herhalde şu çok övülen "demokrasi ve demokratlık" sınırlarına girmiyordur.

Eğer öyleyse, eğer böyle bir "yerle yeksan olmanın" bedeline demokrasi adı veriliyorsa, bu tür bir ekonomiye karşı çıkan herkesin, özgürlük, eşitlik ve insanlık adına söyleyecek çok sözü var demektir.

Bu türden bir esareti ve satışı, doğrusu geçen yüzyıl tanımamıştı. 20'nci yüzyılda kaba askeri işgaller ve direniş vardı. Şimdi bunlar eskisi kadar sık kullanılmıyor. "Damat Ferit ve Vichy ahlakı", azgelişmiş ekonomilerin küreselleşme kültürüne de yerleşmiş görünüyor.

Belki de bu nedenle, ABD'nin, UÇK ile Avrupa'yı bile rahatsız eden tuhaf ilişkisi, "Büyük Arnavutluk" hesaplarını senaryo halinden çıkarıp, gözle görünür bir oyun haline getirebildi.

Bunlar geriden gelen bir büyük gerilimin parçası. Kaynak, silah sanayiidir. Gerçi savunma sanayii denilerek bir şeyler saklanmaya çalışılıyor hep, ama ortada adıyla sanıyla silah sanayii var; işte bu sektörün, özellikle ABD'de, firmalar üzerinden borsa değeri, borsanın genel düşüş eğiliminin dışında kalıyor. Kârlı.

Korkutucu olan da, bu.

Neden?

Şu: Bir ekonomi krizde olabilir ve aynı ekonominin bazı sektörleri de açık bir "serpilme" dönemi yaşıyor olabilir. Olur ve zaten de bu, kapitalizmin olağan seyridir. Ama bu serpilen sektörlerin başında silah sanayii geliyorsa, dünyanın çeşitli bölgelerindeki gelişmelerden endişeli olmamak için ortada neden mi kalır?

21'inci yüzyılın savaşları, 20'inci yüzyıldakilere benzemeyebilir. Zenginlere kucak açmayı, onlara zenginliklerinin kaynağını sormadan ve hesap almadan bir hayranlıkla "yamanmayı" politika sayan bu Evren-Özal kafası için, demokrasi oyunu, ulusal onur ve toplumsal eşitlik duygusunun satışa çıkarılmasının bir diğer adıdır. Bu oyun, siyaset sahnesinde Kostuniça, Ecevit, Yılmaz veya Bahçeli adlarıyla devam ediyor.

Dünya ekonomisindeki kriz,Yugoslavya ve Türkiye'de, tehlikeli boyutlarda, geçmişten farklı, anakronik ve bu yüzden de "yeni sömürgeleşme" denilebilecek bir sürecin açığa çıkmasını sağladı.

Esaret ve savaş kol geziyor. Kirli. Çok çirkin.

6 Nisan 2001

Satış ekonomisinde kriz ve ortaçağ

Amerika'dan mı, Avrupa'dan mı? Nereden gelirse gelsin, talep var ve iş ciddiye biniyor. Ucu olduğu düşünülen, öyle varsayılan, ama henüz görülmeyen bir karanlık tünelde Türkiye.

Özellikle dolar cinsinden pazara çıkarılmış gibi görünüyor. 4 Ocak 2001'de 663 bin TL olan dolar, 4 Nisan 2001'de 1 milyon 232 bin TL'den işlem görüyordu. Bu gelişme, yoğun bir satış işlemine hazırlıktan başka ne anlama gelebilir? Buna borsalardaki gerilemeyi de ilave edebiliriz .

Türkiye, çok ucuzladı.

Avrupa ekonomisinden bakalım: Türkiye'deki büyük sanayi ve ticaret kuruluşlarının dolar veya mark cinsinden yer yer yüzde 80'lere varan ölçülerde değer yitirdiği ortada. Böyle, sözcüğün tam anlamıyla "tepeden inme" bir ucuzluk bayramı var orta yerde ve bu bayramın ne zaman sona ereceğini kimsenin bilemediği bir ülke, tüm varlıklarıyla satışa çıkarılmış durumdadır.

Ancak görücüye çıkarılanlar, sadece Türk banka sisteminin "mümtaz temsilcileri" ve sınai kuruluşlar değildir. Daha önemlisi var. Türk banka ve şirketlerinin yabancı sermayenin eline geçmesinden daha önemli olan şey, herhalde, işgücünün, yani emeğini kiralayarak yaşayabilen milyonlarca insanın da çok ucuzlamasıdır.

Türkiye'de, anadili Almanca bir Amerikan uzmanı, annesinin Alman ve kariyerini Amerikanca yapmış olduğu sır değil, Batı basınına göre, ekonomi bakanıdır: Kemal Derviş.

Peki, Avrupa ve özellikle de Almanya'nın, Derviş programının ciddi bir takipçisi olacağını hatırlatmak "malumu ilam" dışında bir anlam taşıyabilir mi?

Gerçekten de, Türk Lirası'ndaki büyük değer kaybının, ihracata yönelik sektörler için iki açıdan özellikle önemli olduğunu, her iktisat öğrencisi söyleyebilir: Bir girdi ve maliyet kalemi olarak işgücü, döviz cinsinden ucuzlamış oldu; ancak çıktılar, yani mal ve hizmet halindeki ürünlerin fiyatları da, döviz cinsinden, dibe doğru yolculuk yapıyor. Satış şansı arttı. Her anlamda.

İyi de, kim gelecek?

Ortada, Amerikan ekonomisindeki resesyondan korkarak Anadolu'ya yönelen bir sermaye ve patron göçü yok. Komünizm açık bir tehdit olmaktan çıkalı çok oldu ve ABD, kendi arka bahçesinde bile borusunu keyfince öttüremiyor.

Ancak ucuzlayan Türkiye'nin, Avrupa Almanyası'nın art arda füzyonlarla daha da büyüyen şirketlerinin stratejik hedefleri arasında bulunduğunu düşünmemek için bir neden de yok. Tamam...

Tamam ve Türkiye, Avrupa Almanyası'nın arka bahçesinde. Ama aynı Türkiye'de, bu arka bahçe sınırlarına sığmayacak kadar gizli bir bağımsızlık tarihi ve her şeye rağmen, inanılmaz işler çıkarabilen bir aydın geleneği de var. Bu bağımsızlık ve aydın inadı, ne kadar yıpratılırsa yıpratılsın, "Evren-Özal Türkiyesi"nin yumuşattığı, omurgasını alıp bıraktığı bir ülkede işleri bozacak tek kıvılcımdır.

Federal Almanya, gümrük birliğinden bu yana Türkiye ekonomisindeki yapısal oluşumu, ithalat rejimiyle şişen Alman imalat sanayii ürünleri, özellikle üretim malları kalemi üzerinden belirleyebildi. En büyük uyarıcı oldu.

Son kriz, Türkiye'yi bir cari varlıklar, yani pazarlanabilir hisse senetleri, tahviller, dönmeyen alacaklar, elde kalan stoklar, boş kasalar ve diğer döner varlıklardan oluşan toplu bir mezarlığa dönüştürdü.

Sınırsız bir güce sahip olmadığı nedense çok fazla göz ardı edilen ABD ekonomisinin değil, ama Avrupa'nın, motor gücü Almanya başta olmak üzere, durma noktasındaki nakit para üzerine kurulmuş böyle bir ekonominin, Türkiye'nin cazibesine kapılmaması zor.

Nitekim geçen hafta Belçikalı bir bankacı, Fortis Banque İstanbul Genel Müdürü Jacques Laloux, "Le Soir" gazetesine verdiği demeçte, Türkiye'ye yatırım yapmanın tam zamanı olduğunu hatırlattı. Belçikalı bankacı, "Türk lirası düşük değerli ve çok ilginç. Kriz, herkes için kötü değil. İhracat büyük artışta. Tekstil ve turizm sektöründe eller ovuşturuluyor. Burada hayat pahalı değil, bir pazar ekonomisi. Ülke istikrarlı" dedi.

Avrupa, Türkiye'yi ihmal ettiğini, bu dev gibi ülkenin başkalarına kapılarını açarken tereddütte kalamayacağını düşünüyor.

Avro, birlik parası olurken, Türkiye'deki "cari varlıkların" satın alınması kolaylaştı. Böylece açık ve toplu alımlarla, kayıt dışı ekonominin gerekleri de yerine getirilebilecek. Satış büyük.

Böyle büyük satışların sessiz sedasız aradan çıkarılması, başka bir ifadeyle, acıların geçiştirilivermesi çok zor. AB'nin düşüncesi, bu.

Fakat, şu kesin: Eğer Türkiye halkının acılarını, işçiler değil, Türk gericiliğinin en önemli bir kalesi "esnaf" cuma namazı çıkışlarında dile getirir ve siyasete ağırlığını koyarsa, İran-Afganistan-Cezayir tecrübeleri Anadolu için bir uzak sinema olmaktan çok çabuk çıkar.

Arka bahçe kaderinde egemenler, muhalif sözün modern bir toplumsal sınıf olan işçilerden kaçmasını ister. Bu, yeni ortaçağın da karakteridir.

Avrupa Birliği, sadece aydınlanmanın taşıyıcısı bir işçi sınıfından ve bağımsız aydın inadından rahatsızdır. Esnaftan ve esnaflıktan değil.

13 Nisan 2001

En büyük alacaklı Almanya, bekliyor

Belki de Ankara'nın gelmesini ve kendisiyle özel pazarlıklar yapmasını bekliyor. Tuhaf. Ama IMF'nin başında bir Alman var: Horst Köhler. Bu, önemli değil.

Türkiye'de de Financial Times'ın deyişiyle "the new economy minister" belli ve artık bir "programı" bile var: Kemal Derviş. Köhler ile muhtemelen Almanca konuşacaktır. Niye olmasın? Ama bu da önemli değil.

Önemli olan, Türkiye ekonomisinin dışardaki bağlantı merkezleri ile bu merkezlerin düğüm noktası. İyi.

İyi de, Türk ekonomisinin dışardaki anahtarları, hangi merkezlere ve hangi merkezdeki ceplere dağılmış olabilir? Bu, eski bir sorudur ve yanıtı, ithalat, ihracat, borç ve teknoloji bağlantılarına bakıldığında rahatça verilebilir: Son kriz, ısrarla görülmek istenmeyen tek makul yanıtı gündeme iyiden iyiye yerleştirdi. Türkiye ekonomisindeki dengeler, bundan böyle daha fazla Berlin üzerinden geçecek.

Bu, gerçekten de hep göz ardı edilen bir ilişki oldu. Son çeyrek yüzyıl, Türkiye ekonomisinin tüm dış bağlantılarının Federal Almanya üzerinden geçtiğini defalarca göstermişti. Ama eski gözlüklerin abartılmasına dayalı bir anlayış hâlâ egemen. Neden?

Çünkü, siyasetin sert ama yüzeysel rüzgarı ile ekonominin derinlerden geçen esas ağırlığı çok kolay birbirine karıştırılıyor. Türk siyaseti bir yana, muhtemelen haklı gerekçeleri de var, ama Türk medyasının, bu ısrarlı bilgisizliği karşısında ne söylenebilir?

Bunun da bir nedeni olması gerekir; henüz bulunmuş değil. Sadece Ankara'nın en önemli dış partnerinin önce Bonn şimdilerde de Berlin olmasının, bundan böyle açıkça kabul göreceğini söylemek mümkün. Nitekim Türk medyasına ve politikasına egemen, bu ters bakışın giderek kırılmaya başladığı görülüyor. Tersti, çünkü ekonominin ağırlığı ile siyasetin ağırlığı karıştırılıyor, hatta birbirinin yerine kullanılıyordu.

Sadece Türk banka sisteminin dış dünyadaki en büyük alacaklısının, üstelik büyük bir farkla, Alman bankaları, yani Almanya olduğunu görmek ne anlama gelebilir? Çöken bir banka sisteminin en büyük alacaklısının Almanya'dan kaynaklandığı anlamına.

Peki, bir banka eğer verdiği kredi dönmezse ne yapar?

Uluslararası ilişkilerde de farklı değildir: Kredi alan, borçlandığı kuruma bir garanti sunar. Bu da genelde sahip olduğu varlıklardır ve borçların ödenmemesi durumunda buna el konur. Garanti konusu varlık, bankaların eline geçer. O zaman, Almanya ile Türkiye arasında, önümüzdeki dönemde böyle bir ilişkinin ortaya çıkması kimseyi şaşırtmayacak. Türkiye'nin, krediler açısından en büyük alacaklısı, Almanya, Türk ekonomisinde artan oranda ve çok ucuza mülk sahibi olabilecek.

Şunu sormak mümkün: Türkiye'nin dış dünyadan aldığı borçları ödeyememe durumu, acaba Alman bankalarını korkutur mu? Türkiye eğer ABD'nin arka bahçesi Latin Amerika gibi, Almanya'nın arka bahçesindeki bir ülke ise, ki öyle iddia ediliyor, Alman bankaları bundan çok mu korkar?

Başka türlü de söylenebilir: Eğer ortada, yöneten siyaset sınıfı için, toplumsal sistem açısından bir dönüşüm tehlikesi yoksa, yani eskiden olduğu gibi "bu kış bu ülkeye komünizm gelebilir" diye bir korku dağları sarmamışsa, 20 yıl önce böyle bir korku vardı, bu bankalar neden ilave krediler açsın ki?.. Böyle bir korku yok.

Gerçi ilave krediler açılmasını gerektirecek kadar köklü bir "arka bahçe kaderinin" hızla yerleştiği açık. Ama...

Ama sonuçta borcunu ödeyemeyenin mallarına el konur. Avrupa entegrasyonuna tüm sınıf ve yönetici katmanlarıyla baş koyduğu gözlenen bir ülke, alacaklılarına neden korku salsın? Mülkiyet devri dikey ve aşağıya doğru değil, yatay olursa, yani mülkler farklı değil aynı toplumsal sınıf içinde el değiştirirse, bundan "pek bir maraza çıkacağına" inanılmaz. İnanmazlar.

Berlin politikaları, sonuçta, Ankara politikalarının bir türevi olarak kalacak. Zaten Avrupa politikaları da Berlin'den geçiyor.

Ancak Berlin'de, işlerin olağan sürecinde seyredeceğine olan güvenin altı, Alman Maliye Bakanı Hans Eichel'in geçtiğimiz haftalarda Kemal Derviş'in Berlin ziyareti sonrasında yaptığı açıklamalarla bir kez daha çizilmiş oldu. Ankara, yeni adımlarında, Avrupa yönünde bir çizgi izleyecek. Yani ekonomik kriz onu Avrupa'ya itiyor, ABD'ye değil.

Sorun, Atlantik ötesinde takılıp kalan siyasetin Türkiye ekonomisindeki sahici ilişkilerle bağının kopması olabilir ki, bu, çok da uzak bir ihtimal değil.

Başın (siyasetin) okyanus ötesinde takılıp, gövdenin (ekonominin) Avrupa'ya mahkum kalacağı bir resme, "parçalanma" başlığı uygun düşüyor.

Bu, iki odak arasında büyük çıkar çelişkileri olmasa bile, böyle.

20 Nisan 2001

Dinozorlar ve ekonomi

Ne denirse densin... Ekonomi, toplumsal yaşamı belirliyor. Son tahlilde, yani eninde sonunda onun borusu ötüyor. "Dinozorlar"ın diline pelesenk bu saptama, her geçen gün, üstelik şimdi bu "dinozor düşmanı çevrelerce" doğrulanıyor. Siyaset, ahlak, düşünsel eğilimler, ideolojiler vs, "aydınlanmanın maliyetini" pek fazla öne çıkaran, oradan da sivil toplumcu rehavetle liboşluğa terfi eden bu kolaycılara göre, ekonomiyi belirliyordu ve ekonominin belirleyiciliğini öne çıkarmak, kararmak gibi bir şeydi. Bunlar, son çeyrek yüzyılı silip süpüren "yeni tezler" oldu.

Kısacası, pek demokrattılar ve paranın diktatörlüğü karşısında demokrasi rüyaları görüyorlardı.

Öyleydi.

İyi.

Ama ekonomi, son tahlilde, tüm binayı taşıyan bir temel, altyapı, olduğunu her fırsatta hatırlatıyor. Özellikle de yeni moda deyimle, "reel ekonomi". Yani imalat sanayii başta olmak üzere, somut mal ve hizmet üretiminin yapıldığı sektörler.

Son çeyrek yüzyılın burada Thatcher-Reagan-Kohl, bizde de Evren-Özal damgalı liboşizm tarihinde, çeşitli çehrelerle sahneye çıkmış tarihsel bir eğilimden söz ediyoruz. Bunlar, Avrupa'da ve Türkiye'de hep böyle sekter, yani ekonominin son tahlilde toplumsal gelişimde en büyük söz hakkına sahip, belirleyici düzey olduğunu ileri süren dinozorlarla mücadele ettiler.

Bizlerle.

Deniz bitti. Duvara tosladılar. Türkiye'de dibe vurduklarını düşünüyorlardı. Dünyaca ünlü ve bu kesimin meşrebine hiç de yabancı olmayan bir iktisatçı, Prof. Dr. Rudi Dornbusch, "Daha her şey yeni başladı" anlamında bir demeç verdi geçtiğimiz günlerde ve boyalı Türk medyası başka şeyler gibi bunu da görmedi. Yayımlama görevi Cumhuriyet'e düştü; ama yine anlamadılar.

Daha dibe bile vuramadılar. Oysa 21 Şubat'taki krizle birlikte dibe vurulduğunu sanıyorlardı.

Banka hortumcularının gazetelerinde bol bol ilan ettikleri sivil toplumcu değerleri savunmayı sürdürüyorlar. Türkiye'nin daha dibe bile vuramadığını söyleyenlere inanmamayı, daha doğrusu duymamayı sürdürüyorlar.

Kendilerinden eminler: Yine dinozorlar, "Bu açık bir soygun rejimidir" dedikleri için, suçlu. Herhalde. Orada ve burada. Burada ve orada.

Ama ekonomi acımasızdır. Bir sahiplik kurumu değil, bir akıştır ve bu, toplum üzerindeki etkisi itibariyle, patronların veya sendikacıların her dediklerinin mutlaka geçerli olduğu anlamına gelmez. Bu sürecin, aktığı yerlerde ve çevresinde zaman içinde belirleyici olduğu, toplumdaki genel gidişin bu üretim sürecinden kaçamayacağı her fırsatta ortaya çıkıyor.

Türkiye görece uzak, ama orada da ortaya çıkıyor.

Burada da.

Burada, örneğin Almanya'da. Alman ekonomisi yabancıların sevilmesini ve yer açılmasını zorlayan bir rejim anlamına geliyordu. Yılda 1 trilyon markın üzerinde bir ihracat gerçekleştiren 82 milyonluk bir ülkede, yabancılar nasıl sevilmezdi?

Yabancıyı sevmeyen, yabancıya mal satamazdı; yabancı hammadde pazarlarına hiç giremezdi.

Alman ekonomisinin yabancı sevgisi empoze ettiğini söylemek, çok fazla ekonomizm kokuyordu belki kimilerine göre. Ama öyle çıktı.

Yabancılara sürekli fatura çıkaran Alman muhafazakarlarının son dansı bir örnektir.

Almanya, yaşlanan nüfusu ve sürekli büyüyen ekonomisiyle, bir başka deyişle, kronik işgücü açığına adeta mahkum bir ihracat ekonomisi olarak ve tam da o nedenle, göçü gerektiriyordu.

Siyaset zaman içinde buna göre şekillendi ve ideolojik tercihlerini, saplantılarını en son terk edecek çevreler bile geri adım atmak zorunda kaldılar: Ekonomik aklın yoluna girdiler.

Türkiye'de, ülkenin duvara toslayacağını söyleyenler haklı çıktılar.

Almanya'da, göçmenlerin, bu toplumun zenginliğini yaratan en önemli bir kaynak, maruz kaldıkları muamelenin ise kabul edilemez olduğunu söyleyenler, gerekçelerini ekonomiye dayandırdıkları, Hıristiyan ahlakı vs diye "hümanist" değerleri öne çıkarmadıkları için de topa tutuldular.

Ama haklı çıktılar.

Şimdi de bakanlık kurmak zorunda kalıyorlar. Almanya, göç için bakanlık vs kurmazsa, bu yolda tutunamayacağını biliyor. Dinozorlar, haklı çıkıyor. Ekonomi, sonunda mutlaka, dizginliyor ve eğitiyor.

Paranın diktatörlüğünü demokrasi sanan "demokratlar" ise özgürleştirilmiş aklı dinozor sanmayı sürdürüyor.

Ama bilimsel aklın kervanı yürüyor.

27 Nisan 2001

Merkezlerin çaresizliği

Amerikan ekonomisi dönemsel bir sıkıntı içinde. Gerçi yılın ilk çeyreğinde, beklentilerin ötesinde yüzde 2'yi bulan bir büyüme oranıyla resesyon tehdidini göğüslemiş oldu. Ama bir soğuma, var. Kesin.

Burada ABD yönetimi, Bush zekası, umutsuz kabul ettiği olaylarda sonu belirsiz kredi maceralarına girmek istemiyor. Yani Ankara'nın, daha büyük çaplı krediler için Washington desteği alması zor.

Avrupa ekonomisinin büyüme hızındaki gerileme de göz ardı edilemeyecek boyutlarda. Avronun mark başta olmak üzere mevcut paraları yürürlükten kaldırarak dolaşıma girmesine az kaldı. 2002 yılında ulusal paralar kalkacak ve günlük işlemlerde avro kullanılacak. Ama bu alandaki belirsizlik de sanki artarak sürüyor.

Ciddi sorunlar var.

Avrupa hiç ciddiye almış görünmüyor, görünüşe aldanmamalı, tamam, ama Türkiye ekonomisi yaşlı kıtanın ekonomisini sanıldığından daha ciddi boyutlarda sarsabilecek bir potansiyele sahip.

Avro belirsizliği üzerine yapılan araştırmalardan hareket edilebilir: ABD Doları karşısındaki zayıflığına bir neden bulmakta güçlük çekilen avro, gündeme geldiğinde 1.18 dolar idi; şimdi 0.90 dolar çevresinde iniş çıkışlar yaşıyor. Münih'teki Ifo Enstitüsü Başkanı Prof. Dr. Hans Werner Sinn de aylardır bu konuda yayınlar yapıyor.

Muhafazakar iktisatçı Prof. Sinn, avronun dolar karşısında zaafına neden arıyor. Bir konu, çok ilgisini çekiyor. Prof. Sinn, avro dolaşıma kayıt parası olarak girmeye başladığında, 1 Ocak 1999 itibariyle,

Almanya dışında 60 ile 90 milyar marklık banknotun ya elden ele dolaştığını ya da en azından yastık altında bulunduğunu düşünüyor. En önemli bir miktarın da Türk yataklarının altında bulunduğu saptamasını yapabiliyor. Balkanlar, Doğu Avrupa ve Türkiye'deki bu markların hacmi büyük. Almanya'nın parasal temelinin yüzde 30'una yakın. Avronun dolaşıma gireceği 11 AB ülkesinin parasal temelinin de yüzde 12'si. Bu, Avrupa ekonomisi üzerinde önemli bir etki, hatta ciddi bir deprem tehdidi anlamına gelebiliyor.

Ama milli gelirinin yarısı kayıt dışı ekonomiden oluşan bir Türkiye'de insanların Alman Markı'ndan çok Amerikan Doları'na yönelmesinin bir anlamı olmak gerekir. Tüm mal ve hizmetler, Almanya'nın motor rolü üstlendiği Avrupa'dan gelirken ve üstelik de Amerikan ekonomisi Avrupa'dan çekileli çok olmuşken, bu dolara yönelme bazı şeyleri açıklayabiliyor: İnsanlar, Balkanlar ve Doğu Avrupa dışında, özellikle Türkiye'de, ellerindeki markları avrodan önce dolara çevirme ve böylece kaynak bildirme zorunluluğundan kurtulmaya çalışıyor.

Ancak, dahası var. Örneğin Merkez Bankası döviz rezervlerinin eridiğini, eksilere inildiğini, sadece bu gazetenin değerli ve çalışkan iktisat yazarı Öztin Akgüç söylemiyor. Bu, genelde dile getirilir bir şey artık. Çünkü, biliniyor: Türkiye'nin mayıs ve haziran aylarında iç ve dış borç ana para ile faiz ödemeleri var. Kamu bankalarının görev zararları denilen ve altını deştikçe korkunç kokular gelen bir hortumlamanın geride bıraktığı gedikler, hatta "kara delikler" var. Bazı uzmanların haklı olarak "görev zararı yok, görev zararlıları var" uyarısında bulunduğu anlayışın kemirdiği bankalara sermaye desteği için ilk belirlemelere göre 15 milyar dolar gerekiyor. Bu yılki dış borç ödemeleri 30 milyar dolar civarında. İç borç itfaları için 12 milyar dolar gerekiyor. Bir başka çalışkan iktisatçının hesaplarına göre, Mustafa Sönmez, sadece mayıs ve haziran ayları için 37 milyar dolar bulunmak zorunda. Kısa bir süre önce de dünyaca ünlü bir iktisatçı, Prof. Dr. Rudi Dornbusch, Türk banka sisteminin bir hale yola koyulması için 40 milyar dolar gerektiğini ileri sürmüştü. Bunlar, neresinden bakılırsa bakılsın, büyük rakamlar.

Avrupa siyaseti, Türkiye'deki büyük çöküntünün farkında olduğunu gösteren bir sinyal vermiyor. Anadolu krizinin, bir sıçrama gücü taşıdığına inanmıyorlar. Belki benzer bir şey, büyük bankaların tüm riskli kredileri kasımdan bu yana emin limanlara çektiğine bakılırsa, ekonomi için de söylenebilir.

Ankara, yaşanan krizi yeterince anlayamadı. Ya, Brüksel, Paris ve en önemlisi de Berlin? Bunlar sanki her şeyi çok mu iyi anladı? Avrupa'nın körlüğü ile Ankara'nın körlüğü arasında büyük farklar olduğunu düşünmek, "anlamlı" bir iyimserlik olur.

Üretimin durma noktasına geldiği Türkiye büyüklüğündeki bir ülkenin, Avrupa ekonomisinde kısa veya orta vadede önemli bir etki yaratmayacağına inanmak, ekonomiye sadece ithalat ve ihracat rakamlarıyla mali tablolar açısından bakmak demektir. Mümkün değil.

4 Mayıs 2001

Fark yok, yok, yoook

Arada temel bir fark yok. Nedenleri bir yana, oynanan, aynı oyundur. Sadece sahnedekilerin giysileri ve görünümleri farklı. Bir sahnede, buna Avrupa diyelim, oyuncuların yüzlerinden adeta kan damlıyor. Oyun gereği zayıflar bile, diğer sahnedekilerle karşılaştırılamayacak kadar "sıhhatli" doğrusu. "Öteki" sahnede, görece daha az gelişmişler veya Türkiye diyelim, oyuncular hiç de iyi görünmüyor ve pejmürde kıyafetleriyle, aralarında tek tük istisnalar var tabii, ortalıkta dönüp duruyorlar. Çünkü...

Çünkü bu iki sahne de, bir büyük, global sahnenin üzerinde iki ayrı köşe aslında. Asıl fark izleyicilerde. Avrupa'daki oyunu izleyenler, bir eğilim olarak kanlı canlı. Pek bir sorunları yok gibi görünüyor. Türkiye'dekilerin hali çok kötü.

Almanya'da kalalım: Geçtiğimiz günlerde "Dünya Basın Özgürlüğü Günü" ile ilgili olarak yapılan açıklamalar, Walther Leisler Kiep'in CDU'ya yaptığı, ortalığı karıştıran 1 milyon marklık havaleyle üst üste çakıştı ve yolsuzlukların üzerindeki perdeyi aralayabilen tek tük Alman gazetecilerden biri, Hans Leyendecker, meslektaşlarından yakındı: Araştırmıyorlardı. Bulamıyorlardı. Terbiyeli bir dille söylediği, medya ile siyaset sınıfı arasındaki cilveleşmeydi.

Türk basınından farklı bir durum mu var?

Uğur Mumcu'nun, yürekli kişiliği dışında, bir efsane isim olmasında, acaba içinde çırpındığı yalnızlığın hiç mi payı yok? Kaç Türk gazetecisi var, yolsuzluğun normal yol olduğu bir ülkede bu ortamın ipliğini pazara çıkarabilecek araştırmalarda bulunmuş olan?

Geçerken belirtmiş olalım: Türk banka sisteminde son hortumlamaların arkasından koşan ve belki ağır suçlamalarda bulunan, ama suçlamalarını somut verilere ve özellikle de devletin denetleme kurumlarınca yayınlanan raporlara dayandıran bir grup var: "Hür Denetçiler."

Hür Denetçiler, ellerindeki yüzlerce adrese değerlendirme ve ağır suçlamalarını geçiyorlar. Elektronik posta yoluyla. Üstelik solcu falan da değiller. "Hırsızın sağcısı, solcusu olmaz, bunlar hırsızdır" diyor ve Türk banka sisteminin "Batı kullanılarak" soyulduğunu ileri sürüyorlar.

Türk banka sistemi, hangi ortaklar eliyle hortumlanıyor?

Ne oluyor?

a) Dünyaya saydamlık ve yolsuzlukla mücadele mesajları yağdıran sanayileşmiş ülkeler, bir örnek ülke olarak da Almanya, hâlâ dönen dolapların içyüzünü açıklayabilmiş değil. CDU gibi Almanya'nın kaderini en son 16 yıl elinde tutmuş bir partinin, hangi yolsuzluklarla iktidarda kaldığını pek bilen yok.

b) 70'li yıllarda komünizmle mücadele çerçevesinde İspanya, Portekiz ve Türkiye'ye giden milyonlarca mark var: Demokrasi yardımı. Örtülü ödeneklerden. Bu paraların, sosyal demokrat bir partinin iktidar olduğu dönemde kayıtlara geçmeksizin dışarıya çıktığını bilmeyen kalmadı. Ama somut olarak, ne kadar ve nereye, ne gittiğini bugün de bilen yok. Olmayacak.

c) Doğu Almanya'da Fransız Elf Aquitaine bağlantılı Leuna rafinerisinin "hortumlanma" hikayesi açıkta ve silah taciri Karlheinz Schreiber sonrasında, ağır iddialar da ortalıkta öylece duruyor. Helmut Kohl'ün başbakanlık bürosundan kaybolan 1.5 milyon sayfalık belgenin akıbeti zaten meçhul.

Avrupa, ağır bir yolsuzluk denizinde, kellifelli oyuncuların ve henüz yiyecek ekmek bulabilen izleyiciler sayesinde, şimdilik kulaç atmayı başarıyor. Batan yok. Çünkü bu batağı dışardan birileri finanse edebiliyor. Almanya, son iki yıldır üst üste 1 trilyon markı aşkın ihracat yapabildi. Bu "başarı", içerdeki oyunun finansmanıdır.

Elbette Türkiye'deki gelişmeler ve oynanan oyun, çok daha çarpıcı ve iç acıtıyor. Üretim durmuş sayılır, halk aç ve açlığının nedenini de bilmiyor. Belki, bilmek istemiyor. Şöyle ya da böyle, bu iğrenç oyunun sürdürülmesini sağlayacak bir kaynak ortada yok. Türkiye'nin ihracatı, o son derece mütevazı ithalatının yarısını bile karşılayamıyor. 120 milyar doları bulmuş bir dış borç, neyle geri ödenecek?

Uluslararası Ödemeler Dengesi Bankası (Bank for International Settlements) geçen yılın sonu itibariyle Türkiye'nin Batı bankalarına 47 milyar dolar borcu olduğunu açıkladı. En büyük bölümü de 13.1 milyar dolar ile Alman bankalarına ait. Amerikalıların alacağı 4.7 milyar dolar, Fransızların da 4.5 milyar dolar.

Almanlar neredeyse rakipsiz.

Esas soru şu: Yurtdışındaki serveti dudak uçuklatan bir Cavit Çağlar, tek başına ve "Batı demokrasilerine rağmen" mi ortaya çıktı?

Fark yok. Aynı global sahnedeyiz: Bunların hepsi ortak.

11 Mayıs 2001

Oyunun kuralı bu

Ekonomi, aynı zamanda siyaset. Kendimizi aldatırcasına ayrı ele aldığımız iki düzlem bunlar. Öylesine iç içe durumdalar ki, iki kurmaca düzeyi birbirinden ayırmak, ancak bu teorik oyuna kendini fazla kaptıranların işi oluyor. Önemli olan, yaşadığımız toplumun içinde, siyaset sınıfının da çeşitli açılardan saldırdığı düzlemlerin, aslında birer gerekliliğe işaret etmesidir. Belki bunun için aralarında sınırlar varmışçasına ele alınıyorlar.

Bu, iki sorundan hareketle baktığımızda, şu demek: Sanayileşmiş batı ülkelerinde "yasadışı işgücü" sahibi olup bunu kiralayanlar, yani kaçak işçiler ve bunun sonuçları ile Türkiye, Arjantin gibi ülkelerde yasalara uygun sermaye alışverişi ve bunun sonuçları, birbirine işaret ediyor.

Örneklerle yürünebilir.

1. Avrupa ekonomisinin motoru, Federal Almanya, özellikle işsizlik rakamlarının fazla ilerleme gösterdiği dönemlerde, bir kaçak işçi histerisi de yaşamaya başlıyor. Sokaktaki küçük adam, işsizliğini, özellikle yabancı işçilerden biliyor. Çok tehlikeli sonuçları olduğu için şimdilik bu ateşle fazla oynanmıyor.

Linz Üniversitesi'nin bu alandaki dünyaca ünlü uzmanı Prof. Friedrich Schneider'in sayıları var; bunlara bakılabilir. 2000 yılında Almanya'da 643 milyar marklık yasalara aykırı bir mal ve hizmet üretimi gerçekleştirildi. Prof. Schneider, bunun GSYİH'nın yüzde 16'sına karşılık geldiğini, oysa 1975 yılında 59 milyar mark ile Almanya'daki

GSYİH'nın yüzde 5.8'i civarında bir kaçak değer üretimi gerçekleştirildiğine dikkat çekiyor. Yeraltı ekonomisi patlama içinde.

En çok da sendikalar, kaçak işçilere karşı. İyi. Zaten herkes karşı. Ama sektör hızla büyümeye devam ediyor.

Bu süreç, eğer üretimden kaynaklanan toplumsal bir talebin karşılanması olmasaydı, böyle bir büyüme gösterebilir miydi? Serbest piyasa ekonomisinin bu girdiyi, yani yasalara aykırı ve kayıt dışı işgücü kullanımını kolaylaştırmakla kalmadığı, hatta gerektirdiği de açık.

Çünkü bu uygulama, hem üretimdeki maliyetleri düşürüyor, bu arada ücretlerin baskı altında tutulmasını kolaylaştırıyor, hem de bu sektörde yaratılan kayıt dışı gelirler, zaten tüketim olarak hızla reel ekonomiye dönüyor. Sonuçta, bir anlamlı hezeyan dışında ortada pek büyük sorunlar da bulunmuyor. Arada, siyaset sınıfı için, yığınların önüne atılabilen bir oyuncak kavram yaratılmış oluyor. Oyunun kuralı, sürekli bir şikayeti gerektiriyor. Bağrış çağrışın nedeni bu.

2. "Emerging Markets" de denilen Türkiye, Arjantin tipi piyasalara bakıldığında da şikayetlerin anlamını bulmak zor. Sermayenin kısa vadeli sıcak para halindeki girişlerinden çok, ani çıkışlarına itiraz ediliyor, ama bu da, verenler ve çağıranlar açısından büyük bir işbirliğine, bir talebe karşılık gelmiyor mu?

Kayıt dışı emeğin pek bir yıkıcı gücü yok. Tersine, gedik tıkıyor. Ama kayıt dışı sermayenin yıkıcı gücü sanıldığından çok daha sinsi ve sonuçları itibariyle acımasız. Elbette o da bir talebe karşılık geliyor. Ankara, Buenos Aires, Moskova, Santiago de Chile, Brasilia vs... Bunların hangisi bu oyuna karşı çıkan bir tepkiye sahne olabildi? Yıkım ortada ve talep, gerileyeceğine büyüyor.

Neyse...

Bir Dünya Bankası uzmanının, ülkesinin geleceğine, 1978 yılında Shelma Robinson ile birlikte hazırladığı "Foreign Exchange Gap, Growth and Industrial Strategy in Turkey" başlıklı raporundan bu yana, çeşitli isimler altında el koyduğu bile ileri sürülebilir. Aslında Birinci Özal sıfatına hak kazanmış bir "sosyal demokrat" iktisatçı, bu yeni "kurtarıcı baba", Kemal Derviş, Türkiye'nin en önemli siyaset adamıdır. Boşuna mı?

Siyaset ve ekonomi, serbest piyasa denilen bu modern dinin gerektirdiği oyunda, artık aklı vuran bir iç içe geçiştir. Burada ve orada.

18 Mayıs 2001

'Tutunamayanlar'a ağıt

Gerçi zaman zaman hatalı küçük adımlar da atılmış olabileceğini söyleyenler çıkıyor; ama bir bütün olarak girilen yolun çok doğru olduğundan eminler. Küreselleşme ve küreselleşmenin yılmaz savaşçıları için, yanlışlar öbür tarafta. Bunlar, doğru.

Biri, Francis Fukuyama. 1992'de "Tarihin Sonu" kitabını yayınladı ve geçtiğimiz onyılı bir "kâzip şöhret" olarak kapadı. Serbest piyasa ekonomisi denilen sınır ve zincir tanımaz büyük modernleşme atılımının yeni peygamberiydi; liberal demokrasinin, kapitalizmin siyasal rejimi olarak, tarihe kılıcını attığı ve damgasını da vurduğu iddiasıyla kariyer yapıyordu. Herhalde para da yapmıştır. Olabilir.

Ama Fukuyama, bugün gelinen noktadan pek memnun değil. Yazıları ve basına verdiği mülakatlarda doğrusu hiç de huzurlu bir düşünce adamı resmi vermiyor. Geçtiğimiz günlerde büyük bir gazeteyi, Welt am Sonntag, yanıtlarken, "Ben zaten liberal demokrasinin hemen ve her yerde yayılmak zorunda olacağını iddia etmedim, sadece, bunun insanlığını uzun vadedeki yönü olduğunu söyledim" dedi. Tepkilerin giderek büyüdüğünü, art arda çöküntüler yaşandığını kabul ediyordu. Ama, "Modern olmak isteyen bir ülkenin önünde, liberal demokrasi, kapitalizm ve serbest piyasa dışında bir alternatif bulunmuyor" diye de ekliyordu: "Hiçbir küreselleşme karşıtının alternatif bir vizyonu yok. Daha fazla korumacılık, daha az yatırım, kısacası yoksul kalmak dışında bir alternatifi yok." Francis Fukuyama, böyle.

Anlatılan, yeni bir cehennemdir ve küreselleşmenin yeni peygamberleri veya onların tilmizleri için tek görev, bu modern korkuyu, yaymaktır.

Ama tepkiler büyüyor.

Yaşlı kıta Avrupa ekonomisinin önde gelen isimlerinden, Avrupa Merkez Bankası Başekonomisti Otmar Issing de farklı şeyler söylemiyor. Avro sisteminin büyük ismine göre, küreselleşme zaten huzur demek değil. Tepkiler, normal. Serbest pazar ekonomisi, dünya ölçeğinde yayıldıkça, eski statülerini ve geleceğe yönelik inançlarını kaybeden milyonların tepkisini de çoğaltıyor.

Küreselleşmenin gerek uluslar, gerekse ülke içindeki katmanlar arasında eşitsizliği hızla arttırdığını, küreselleşmenin en hızlı savunucuları da görüyor ve söylüyorlar. Bunun normal karşılanması gerektiğini savunuyorlar. Dine güveniyorlar. Fukuyama veya Issing... Öyle.

Demek ki, eski yapılar yıkılınca, bu yapıların içinde bir yer edinmiş insanların itirazı, küreselleşmenin bir gereği... İyi. Yani tepki, küresel büyümenin bir sonucu. Ama "refaha giden" başka bir yol yok. O da iyi.

Piyasanın boyutları, tüm dünyaya yayılıyor. Piyasanın yapıları dünyayı ele geçiriyor. Tamam.

Tamam da hangi piyasa, hangi piyasalardaki hangi güçler kazanıyor?

Zenginlerin kazandığı, yoksulların kaybettiği bir oyun bu. Sürekli kaybedenlere, Oğuz Atay'ın unutulmaz vurgusuyla "tutunamayanlara" ne sunuluyor, bu kadere boyun eğmekten ve eğer iş bulurlarsa da "efendiler" için çalışmaktan başka? Hiç.

Örnek: Türkiye'nin banka sistemi dünya ve özellikle de Avrupa Almanyası'nın ilgi alanı içindedir artık. Büyük füzyonların, satın almaların eli kulağında.

Türk Telekom: O kadar ucuzladı ki, satın alacak dış alıcı bulunamıyor. Bu arada 70 bin çalışanın 35 bininin özelleştirmeyle kapının önüne konacağı Avrupa basınında açıkça yazılıyor. Ayrıca, bir mobil telefon şirketinin, patlayan milyarlık kârlarla, birkaç yıl içinde Türkiye'nin en zengin "sanayi ailesini" doğurduğu anlatılıyor. O aile Türkiye'nin zaten en zengin birkaç ailesinden biriydi. Bu, anlatılmıyor.

Sorun o değil. Sorun gerçekten de, alternatif bir iktisat rejimi, zihniyeti ve insanı önerebilmektir. Bunun ise çalışanların lehine, planlı, programlı, katılımcı bir yenilenme atağından geçeceğini düşünmek, yeni bölünmelere yol açıyor. Böyle denemelerin, 20'nci yüzyılda plan ve program başlıkları altında yapılmadığını, küreselleşmenin beynini, ruhunu ve cüzdanını kiraya vermiş savunucuları dışında kimse ileri süremiyor.

Tutunabilenler, tutunamayanları "alternatifiniz yok" bombardımanıyla ateş altında ses çıkaramaz hale getirmeye çalışıyorlar. Şimdilik, başarıyorlar.

25 Mayıs 2001

Kriz ve sahte peygamber

Hep o şarkı. Değişik renkler altında bir benzerlik taşıyor. Krizin sorumluları, krizi çözmeye talip olabiliyor ve bu, geniş halk kitleleri nezdinde, hiç de olumsuz yankılanmıyor. Tarihin normal akışı, böyle.

İtalya ve Berlusconi, yakın bir örnek. Almanya'da SPD, ortağı Yeşiller ile birlikte, acaba CDU/CSU ile FDP ortaklığındaki koalisyon yıllarından son derece farklı bir politika mı uyguluyor? Yanıt, Oskar Lafontaine'in havlu atmasından da çıkarılabilir. Biz, Türkiye'de kalalım.

Türkiye ekonomisini bugünlere getiren zihniyet, 70 milyonluk bir halkı yerle bir edip "tüccar millet" olarak dünya ekonomisine entegre edebileceğini düşünen uşak ruh, kaynağını hiç de sanıldığı gibi "bilinen sağdan" almıyormuş.

Bu, ne demek?

Birkaç ay önce katıldığı bir toplantıda ilk kez açıkça kamuoyuna Derviş'in 24 Ocak'tan sabıkalı olduğunu hatırlatan bir aydın, bir sorumlu iktisatçı, Nazif Ekzen, bu vurgusuna doğrusu hâlâ bir yankı alamadığını düşünebilir ve bunda da haklıdır.

Turgut Özal'ı, Kenan Evren'le birlikte Türk siyasi tarihinin bu en cahil politikacısını, siyasi tarihe bir önemli kişilik olarak sokuşturmaya çalışan düşük zekalı her türden görevli, ki bunlar özellikle boyalı medyanın "kâzip şöhretleridir", bilerek veya bilmeyerek bir hata yapıyordu.

Hâlâ da yapıyorlar.

Özal, ihtiraslı, basit, görece kurnaz bir mahalle bakkalından daha açık olamayan zekasıyla, tam bir cehalet abidesiydi ve buna rağmen Türkiye'nin kaderine kılıç atıyordu. Öyle mi?

Nazif Ekzen, çok dikkatli çözümlemeleriyle, bir kere bu kolaycılığın gözden geçirilmesi gerektiğini hatırlatıyor. Ortada, Dünya Bankası kaynaklı bir müdahale var ve bu müdahale, şimdilerin Ekonomi Bakanı Kemal Derviş imzasını taşıyor.

Turgut Özal, o halde, Dünya Bankası'nın bile değil, Kemal Derviş ve arkadaşlarının çizdiği bir modelin Türkiye'deki acentasıydı. Bir yurttaş iktisatçı olarak, Nazif Ekzen'in analizlerinden çıkarılacak bir sonuç budur.

İkincisi, bundan daha önemlisi ve Ekzen'in bu açıklıkla formüle etmediği şey: Krizi yaratan modelin sahipleri, şimdi, aynı modeli bir kez daha satmaya çalışıyorlar. Başarılı da oluyorlar. Satmakta; yoksa çözmekte değil.

Artık kendi modellerinin 1984 sonrasında kısmen yoldan çıkarıldığı iddiasıyla, daha etkili bir 24 Ocak mı uygulayacaklar? 12 Eylül şiddetinin ilk hızı kesilince geri adım atılmak zorunda kalınmıştı. Modelden sapıldı. O şiddeti, 12 Eylül şiddetini mi arıyorlar? Olabilir. Israrla ve ne kadar tersini iddia ederse etsin, önümüzde, Turgut Özal'ın hası bulunuyor. Ondan daha ince, yetkin vs... Ama Kemal Derviş, Turgut Özal kadar yerli değildir.

20'nci yüzyılın başında Osmanlı Türkiyesi'nin yaşadığı korkunç aşağılanmadan çok daha fazlasını beraberinde getirmiş sayılabilir. Washington, bir adamını Anadolu'ya gönderiyor. "Dedikleri yapılmazsa, para yok" diyor ve her istenilen yerine getiriliyor. Türkiye, tarihinde, işgal yıllarında, o korkunç "Mütareke İstanbulu"nda bile, bu kadar aşağılanamadı.

Derviş, "Birinci Özal" sayılabilir. Daha umur görmüş ve ince zevk sahibi olduğu açık, ama elindeki, son derece sağ ve sığ bir iktisat programıdır.

Türkiye, yatırımı unutalı onyıllar oluyor. Sefalet, Devlet İstatistik Enstitüsü tablolarından bile insanın yüzüne sıçrıyor.

Tarihte her şey böyle olur: Kitaplarda yer alanlar, hiç aynen yaşanmaz. Çözümler de. Örneğin Ecevit gibi solcu sanılan biri, 25-30 yıl kadar önce solun rüzgarını arkasına aldığı doğrudur, Türkiye'yi en inanılmaz cenderelerin içine, ANAP ve MHP gibi partilerin eşliğinde emperyalizmin her dediğine, memurlarını da bakan yaparak boyun eğmektedir. Türkiye, her şeyiyle, haraç mezat satılık ve halkın gıkı çıkmıyor. Şimdilik.

Avrupa'nın rehavetindeki gerekçe bu olsa gerek. İtalya, Avusturya, bir sorun olarak görülüyor mu ki, Türkiye görülsün?..

Mütareke İstanbulu'nda "Yavuz mu, Fatih mi büyük padişahtı" diye tartışılırmış. Çok entelektüel ve pek küresel düşünceliydiler. O "aydınları", çocukları bile unuttu. Bir tek, Ali Kemal, hatırlanıyor. Korkunç sonu yüzünden, herhalde... Korkut Boratav, Erinç Yeldan, İzzettin Önder, Öztin Akgüç, Oğuz Oyan gibi isimlerin bu komediye katılmadıklarını ilan etmeleri, Nazif Ekzen'lerin, "Var bir çıkış ve onların gösterdiği tarafta değil" demesi, Türkçe'nin bir dünya dili olduğunu da hatırlatıyor.

Türkiye'ye hep model dayatıldı. Türkiye, şimdi bizzat model yaratabilecek bir aydın inadı taşıdığını düşündürüyor. Nazif Ekzenler, egemen tüccarlara bir türlü "Evet" diyemeyen o inatçı aydın geleneği, yarın Avrupa'nın da umudu olabilir.

Her büyük çürümede, böyle inanılmaz olasılıklar gizlidir.

1 Haziran 2001

Algı bozukluğu

Abartıldığı kadar yok aslında. Yani avrodaki gerileme ve Avrupa ekonomisinde düşen büyüme hızının, gerçi endişelere yol açıyor ama, abartılması, başka anlamlara geliyor.

Ne kadar saklanırsa saklansın, Avrupa ekonomisi ve onun motoru Almanya, geçtiğimiz yıllarda, özellikle maliyetler açısından ciddi bir rahatlama yaşadı. Uluslararası piyasalardaki rekabet gücü arttı. Avrodaki gerileme nedeniyle "endişeye mahal yok".

Ekonominin, aynı zamanda bir siyaset ve bir ideoloji olduğunu, daha doğrusu bunların kesinlikle basit birer yansıtıcı düzlem olmadığını tekrar tekrar kanıtlayan gelişmeler karşısındayız. Enerji fiyatlarında son 3 yılın gündemini belirleyen bir çekilme var ortada. Üretimin en önemli girdisi, bir maliyet kalemi olarak, düştü ve sadece ekonomik değil, tabii ideolojik bir rahatlama da yaşandı. Tüketicinin üzerindeki ekonomik yükün gerilediği iddiası var. İlk bakışta öyle görünebilir. Pek değil. Özellikle büyük şirketler, bu gerilemeyle gelen maliyet kolaylığından yararlandılar. Görece azgelişmişlerin dünya pazarlarındaki şansı, sanayileşmiş ülkelerdeki bu rahatlamayla artmadı. Tersine, enerji fiyatlarındaki artış, petrole bağımlı, Türkiye tipi enerji yoksulu ülkelerde, üretimi daha da pahalı bir süreç haline getirdi. Özellikle de imalat sanayii üretimini...

Enerji fiyatlarındaki düşüşün, azgelişmişlere, gelişmişler lehine böyle bir "oyunu" oldu. Eline daha fazla para geçtiği halde fakirleşen insanların haliydi yaşanan...

Olabilir.

Oyun içinde oyun da denebilir. Liberalleşmenin yayılması için, örneğin enerji üretim ve dağıtımında kamunun girişimci ve düzenleyici elinin uzaklaştırılmasına karşı açılan ideolojik bayrak, böylece daha rahat dalgalandırılabildi. Gerçi sıradan tüketici, elektrik faturasında, bir gerileme göremedi, ama "Devleti bu piyasadan çekince fiyatlar nasıl da düştü!" propagandasına da boy hedefi oldu.

Son 20 yılın büyük "küreselleşme, liberalleşme ve özelleştirme" saldırısı içinde, doğrusu tüketici kaynaklı ciddi bir itiraza rastlanmış değildir.

Sanayileşmiş zenginler, ekonomik ve ideolojik maliyet kalemlerinde böyle bir huzur dönemi yaşadı. Benzer bir büyük maliyet kalemi olarak "iletişim" de aynı mecrada aktı. Enerji dışında, üretimdeki en önemli bir gider kalemi olarak telekomünikasyon hizmetlerinden de "devlet çekilirken", fiyatlar düştü. Telekomünikasyon piyasaları "liberalleşti", iletişim "ucuzladı". Sıradan abonenin faturası ise şişmeye devam etti; hele bir de cep telefonu almışsa... Neredeyse her iki kişiden birine bir cep telefonu düşen Almanya'da bu pazarın "verimliliğini" saptamak kolay. UMTS ihalelerinde Alman hazinesine giren 100 milyar marka yakın lisans gelirinin anlamı burada.

Piyasaya yeni giren devler, bu kez sürümden ve çok iyi kazandılar. Üretimdeki önemli kalemler de gerilemiş oldu. Belki bundan daha önemlisi, ekonomi "altyapı" veya "temel" ise eğer, özelleştirme ve küreselleşmenin her derde deva olabileceğini iddia eden çevreler, piyasanın gizli eline övgü bombardımanlarını, bu gelişmelerden güç alarak arttırabildiler. Düşen birim fiyatlar örnek gösterildi ve ideolojik bir işlev yerine getirilmiş oldu.

Neden olmasın?

Düşen enerji ve iletişim fiyatları, uluslararası piyasalarda sanayileşmiş zenginlere, yerel piyasalarda da tüketicilere değil hali vakti zaten yerinde büyük üretici şirketlere yaradı. AB ekonomisini bu kolaylıklar dışında, avronun gerilemesi de kanatlandırdı. AB ve motoru Almanya'nın dünya pazarlarındaki gücü arttı. Avro dışı ülkelerden, diyelim dolar bölgelerinden yapılan ithalat, pahalılaştığı için geriledi. Ama dolar bölgelerine yapılan ihracat, avro ucuzladığı için, arttı.

Şimdilerde, bir stagflasyon korkusudur gidiyor. Yine de doğru soru şudur: Çevresinde bu kadar ciddi krizler yaşayan bir ekonomik birim, AB, acaba bütün bu krizlerin etkisini üzerinde hiç mi hissetmeyecektir?

Stagflasyon, basit bir yanılsama, bir algı bozukluğu mu?

8 Haziran 2001

Eşitlik korkusu

Tony Blair'in son başarısı da belki buradan nasibini almıştır. Bu hiçbir yanı yeni olmayan "insan insanının kurdudur" anlayışı, yeni ekonomidir. Yeni ekonomi, sanıldığının tersine, teknolojik yoğunluğu yüksek bilgisayar ve iletişim sektörünün diğer adı değil, eski ve tanıdık bir düşmanın çağcıl adı.

Bu, ne demek?

Bu, şu demek: İngiltere'nin "muhafazakar devrimi", Thatcher, tam da bu "insan insanın kurdudur" şiarının üzerinde yükseldi. Derin bir mazisi var.

Geçen yüzyılın son çeyreğinde, 1973 sonrasında, Avrupa'nın gelişmişleri ile ABD'ye yeniden egemen olan bir iktisat ideolojisi, meyvelerini dünya ölçeğinde vermekte gecikmedi. Bireyin gücü ve sorumlulukları, bir ideolojiydi ve bu haliyle hür teşebbüs vs etiketler altında, karşıtlarını bile kendi dümen suyuna almayı başarabildi.

İngiltere'den, Almanya'dan ve Türkiye'den... Örnek, çok. Sosyalist toplumlar kapitalizme döndü, gelişmiş kapitalist ülkelerdeki sosyal güvenlik ağı ve bazen "sosyal adalet" diye bağıran sosyal demokrat çizgiler, sonunda neoliberal bir gerçekçiliğe yerleştiler.

Bunun bir anlamı olmalı.

Var. Tony Blair bir şeyi çok iyi anladı, kabul, ama neden? Muhafazakarları karşısına aldı, eskimişlerdi, ama kendi partisini, daha doğrusu partisinin sosyal adalet ve sosyalizmi anımsatan eski değerlerini de karşısına almak zorunda kaldı. Bilerek ve isteyerek.

İnsanlara yetersiz veya özürlü gibi davranılmayacak, kendi özgür seçimiyle mutluluğu yakalaması sağlanacaktı. Blair'in söylediği bu. Almanya'da Schröder de farklı şeyler söylemiyor.

Blair veya Schröder konuşmaya başlayınca, muhafazakarlarla aralarındaki benzerlikler şaşırtıyor. Yüksek büyüme hızı, düşük enflasyon, yüksek teknoloji üzerine kurulu sanayi, kamu borçlarının azaltılması, suç oranlarında gerileme... İnsanların yeteneklerini kullanıp yükselmesini engelleyen unsurları tasfiye etmekte kararlılar. Liberalleşme, bu. Vergileri düşüren, devleti küçülten, suç ve suçlularla polisiye önlemler alarak mücadeleyi öne çıkaran bir politikayla karşı karşıyayız. Bütün bu benzerliklerin altında başka bir şey yatıyor. Son çeyrek yüzyılın egemen çizgisi: Adalet yeterli, eşitlik gereksiz!

Eşitlik, artık tüm siyasi çizgiler için korkulacak bir şey. Bu, ortada bunlara sahip çıkacak kimse olmamasına rağmen, böyle. Demokratik Alman Cumhuriyeti'nin mirasçısı olmakla suçlanan bir partinin eski genel başkanlarından biri, Lothar Bisky bile, önceki gün bir Alman haber kanalındaki açık oturumda, "Biz çok hatalıydık, her şeyi devletleştirdik, böylece refaha kavuşacağımızı sandık. Yanlışmış" diye günah çıkardı. Özel mülkiyetin ne kadar gerekli olduğunu, her şeyin fazlasının fazla, bu arada eşitliğin de fazlasının fazla olduğunu vurguladı. İçinden çıktığı toplumu tanımıyordu, ama eşitlikten korkuyordu. İyi...

İyi de, neden bireyi tamamen kendi yetenekleriyle baş başa bırakamıyorlar? Neden açıkça, "Eşitlik masaldır, gerek yoktur, kimse eşit değildir, eşit olmamalıdır. Önemli olan herkese yetenekleri oranında yükselme şansı tanımaktır" demiyorlar? Bir nebze olsun eşitlik ihtiyacı içindeler. Kurumsal yapısı fazla ihmal edilirse, toplumun paralize olmasından korkuyor olabilirler. Birey, suyun üzerinde yürüme yeteneği olduğuna bile inanabilir. Bu da toplumsal yapıyı yerle bir eder. Suyun üzerinde yürüyebileceğini düşünen ve her şeye hakkı olduğuna inanan, eşitlik düşmanı bir yaratık, yaratıkların en korkuncudur: Bir "imhacı" de denebilir.

"Bütün insanlar eşittir" anlayışı ise, bir entelektüel şiddet unsuru olarak, bu yaratığın tek panzehiridir.

Bugün böyle bir korkunun tümüyle ortadan kalkmamış olması bile, insanlık için bir kazanımdır. Neden?

Çünkü iktisat, böyle bir duygunun yokluğunda korkunç bir makinedir. Bütün yeteneksizleri biçen, yeteneklileri de "adil" bir biçimde toplumun üzerinde güç ve iktidar sahibi yapan böyle bir tırpana karşı, insanlara adalet ve özgürlük gibi soyut ve boş sloganlar değil, belki "Bütün insanlar eşittir" inadı yardımcı olabilir.

Eşitlik, iktisatta, insana sınırlarının daha rahat gösterilmesini sağlar. Somut, elle tutulabilir bir eşitlik. Özgürlük, adalet vs gibi soyut kavramlar değil.

Karnı aç ve ağlayan bir çocuk ya da çaresizliği içinde ölüme yatmış bir insan külçesi, her zaman çok somut bir şeydir.

15 Haziran 2001

Neoliberal özgürlük: hortum ortaklığı

Berlin'de bütün taşları yerinden oynatan darbe, bir bankanın, BGB, Egebank'ın da adını karıştırarak iflasın eşiğine gelmesiyle ortaya çıktı. İyi. Olabilir.

Bunun, bizim açımızdan şaşılacak bir yanı yok: Çağdaş ve "temiz" Avrupa'nın, disiplin ve kuralcılığıyla, denetim mekanizmalarının gücü ve zenginliğiyle ünlü bir motor ülkesinin, Almanya, her yanından yolsuzluk, rüşvet ve benzeri uygulamalar sıçraması, bu lekelerin daha az gelişmiş çevre ekonomilerle birebir bağlantılı olması, hiç şaşılacak bir şey değil.

Yeni de değil: Aslında 20'nci yüzyılın ilk çeyreğinde tekelleşmenin gücüyle çok açık bir biçimde ortaya çıkan ve tüm ağırlığıyla dünya siyasetine damgasını vuran küreselleşme, bu tür bağımlılıkları gerekli bile değil, eski deyimle "zaruri" kılıyordu: Zorunluydu.

Başka türlü de ifade edilebilir: Bugün artık, Atina, Belgrad veya Ankara'daki yolsuzlukların Berlin ya da Paris'ten tümüyle bağımsız olabileceğini söylemek, küreselleşmenin gücü ve Avrupa ekonomisindeki geçişliliğin farkına varamamak demektir. Ancak bu, kesinlikle yeni bir şey değildir.

Dolayısıyla birçok bakımdan son derece öğreticidir: Berlin'deki bir kamu bankası, BGB, milyarlarca marklık muhtemel bir hortumlama pratiğinin sonucunda, tam bir kesinlikle asla saptanamayacak biçimde de olsa, birçok uzmana göre en az 6 milyarlık kamu desteği gerektiren bir yıkımın eşiğine geldi. Hortumlama pratiğine Egebank adını karıştıran milyonlarca marklık hesaplar da var. Türkiye'deki yeniden kamuya devredilmiş (ki bir dönem zafer çığlıkları eşliğinde "özelleştirilmiş" idiler) bankaların avukatları, bu parayı kurtarmak için harıl harıl çalışıyorlar. Türkiye'nin yoksul insanlarının cebinden hortumlanıp küreselleşmenin sağladığı olanaklarla ve Avrupalı "uygar simsarların" cebine milyonlarca dolarlık komisyonlar eşliğinde akıtılan şeyler bunlar. Avrupa'da yerleşik birkaç Türk "mali uzman", daha doğrusu "komisyoncu", isimleri biliniyor, ve bunların çok sayıda Avrupalı ortağı hep birlikte "yaşıyorlar": Dolce Vita.

Bunlar, olabilir.

Bunlar, olmalı. Tamam da, neden?

Çünkü: Bu olayların birer sapma olduğunu, serbest piyasa ekonomisinin de bu tür sapmalara tahammül edemeyeceğini söylemek için, serbest piyasa ekonomisini ya tanımamak ya da ona ideolojik bir körlük içinde tapmak gerekir. Avrupa ve Türkiye'de ikisi de vardır. Kamu denetiminin kalktığı her ortamda, bu sistem serpilir. Neoliberal özgürlük, böyle ülkeler aşırı bir hortum ortaklığı anlamına geliyor.

Şikayetçi olmak ve bu şikayetlerle ilgili bir samimiyet duygusu yaratabilmek için, paranın, kârın ve faizin sınırsız özgürlüğünü, aydınlanma düşüncesinin aklı özgürleştiren şiddetinin dışında görmeye başlamak gerekir. Küreselleşmenin neoliberal aşaması, kamu denetimi ve akla sınırsız düşmanlıkla da tanımlanabilir.

İnsanın, Avrupa aydınlanması ve onun devamı olan Türk aydınlanmasının ürünü bir özgürlük anlayışına sahip çıkarak, bu hortum ortaklıklarıyla mücadele vermesi mümkün. Ama piyasanın kendiliğinden erdemlerine hayransanız, bu tür "sürekli kazalara" da göz yummak zorundasınızdır. "İkinci cumhuriyetçi" etiketiyle Türk gericiliğinin hizmetine giren odaklar, bunu iyi bilirler. Kendi Avrupa'larını örnek göstermeleri bundandır. Avrupa, sanki farklı mı?

Emek ve kamu denetiminin gündem dışına düşmesi, piyasanın bir canavar olarak kırbacını özgürce şaklatması demek olacaktır.

Kısacası, Avrupa'nın mali başkentinden bakınca da, hortum pratikleri açısından, Ankara ile Berlin veya Paris arasında büyük farklar olmadığı görülebiliyor.

Şu anda dünya üzerinde dolaşan paranın yüzde 3'ü ile reel ticaret yapılıyor. Kalan yüzde 97, spekülasyon aracıdır. Bu binlerce parçadan oluşmuş dev bir serseri mayındır. Dolar ile mark-avro, bu spekülasyonun gerekçesi ve diğer adıdır. TL'nin bu sektörde esamisi bile okunmaz.

Çürümenin, en az iki yüzü var. Tango gibi, iki kişiyle yapılıyor. Avrupa ekonomisi, Türkiye ekonomisinin birinci derecedeki dış sorumlusu olarak her gelişmeye damgasını vurabilmiştir. Çürümede de ortaktır.

"BGB Vak'ası" bunun kanıtı olmuyorsa, neyin kanıtı oluyor?

22 Haziran 2001

Medya "işi"

Bir rapor, ortaya, bilinmeyen değil, fakat yine de ilginç sonuçlar çıkardı. Biliniyordu, çünkü birçok veri, yıllardır Türkiye Araştırmalar Merkezi'nin çeşitli vesilelerle hazırladığı kamuoyu araştırmalarında da saptanmıştı. Prof. Dr. Hans-Jürgen Weiss ve Dr. Joachim Trebbe yönetiminde "GöfaK Medienforschung" tarafından hazırlanan, özellikle Alman basınının geniş ilgisiyle karşılanan araştırmanın, Avrupa'daki Türk basınının, hâlâ bir "gurbet" mantığıyla hareket ettiğini, bu nedenle uyum sürecinde beklentilere tam yanıt veremediğini gösterdiği de söylenebilir. Bu, bir iddiadır.

Çok da yanlış olduğu söylenemez. Çünkü ortada bir örtüşmezlik, dolayısıyla arz ile talep arasında bir sürtüşme var. Beklentiler, bir başka ifadeyle tepkiler, büyük ölçüde doğru. Tabii, bazen gösterilen tepkiler, amacı aşan bir sertlik de taşıyabiliyor. Ama...

Ama Almanya ağırlıklı Avrupa'ya yerleşmiş bir halk topluluğunun, yani Türkçe kullanan ve büyük bölümü de yaşadığı ülkenin diline vakıf insanlarımızın, Türkiye'den gönderilen gazeteler ve yapılan televizyon yayınlarıyla, biraz abartarak söylersek, gereksinimlerinin giderilmesi mümkün değil. Bildikleri özel dillerle kendi ilgi alanlarına giren konularda haber almaları da zor. İki dilli bir toplum; birinci dili genellikle Türkçe ve iki dilden gelen bir boşlukla karşı karşıya...

Bunu istemediği söylenemez. Ama eksikli de olsa, atılan bazı adımlara, bu çağdaş habercilikten mahrum olduğu ileri sürülen kesim, geçmişte pek öyle destek vermiş değildir. Talep, sorunlu. Türkçe gazeteciliğin gelişmemesinde, bu arada birilerine iyi paralar da kazandırabilmesinde, bu talebin etkisi büyük.

Türkiye'deki anlayışın bile gerisinde bir bakışla hazırlanan bazı yazılı ve görüntülü yayın organlarının, bu toplumdan olumlu yankı bulamaması, ama yine de izlenmesi, gerçekten çok önemli bir "davranış kalıbı". Avrupa'nın merkezinde gazetecilik adına üstelik ciddi ölçülerde bir nüfusa sahip toplum da arkaya alınarak hiçbir iş çıkarılamaması, doğrusu "şayan-ı dikkat" bir başarıdır. Ancak bu "başarı" bir başka düzeyde tartışma konusudur. Ortada ağır bir entelektüel boşluk var.

Burada asıl sorun şudur: Acaba "Avrupa Türkleri"ne yakışır düzeyde gazetecilik yapılamamasının en önemli nedeni, gerek Avrupa'dan gerek Türkiye'den bu toplumun entelektüel donanımına bakışlarda yatan "özürlü toplum" inancı mıdır? Öyle.

Başka bir ifadeyle: Türkiye'den, Avrupa'da yaşayan Türkiye kökenli topluma bakan Türk medya mensupları da, Avrupa ve özellikle Alman medya mensupları da, bir ağırlıklı eğilim olarak, 3.5 milyonluk bu kesime doğru dürüst bir yayıncılık hakkı tanımıyor: "Anlamazlar ve satın almazlar..." Medyanın içinden ve dışından, bu sektörle ilgili herkesin ve her okurun, Alman veya Türk, söylediği ilk söz: Halkımız anlamıyor! Bunun ekonomideki tercümesi: Gazetecilik verimli değil.

Gerçekten öyle mi? Verimlilikten tam olarak ne anladığınıza bağlı. Örneğin Cumhuriyet, bu satırların yazarına göre, sanıldığının ve propaganda edilenin tersine, son derece verimli bir projedir. İçinde bulunduğu maddi güçlüklere rağmen, üstlendiği görev nedeniyle, bu, böyledir.

Ayrıca, 2-3 milyonluk hedef kitleler için özel televizyon istasyonlarının kurulduğu, teknolojideki gelişmelerin bunu gerekli ve hatta zorunlu kıldığı bir dünya ve dönemde, "verimsizlik", yani maliyetlerin karşılanamaması, acaba doğru bir gerekçe midir? Pek değil.

Türkçe medya pazarı, bu yazdan itibaren artan oranda Alman medya gruplarının ilgi alanına girecektir. Son araştırma biraz da bu ilginin bir ürünüdür. Bu pazardaki çeşitlilik ve profesyonellik, kısa bir süre içinde sonuç da verecektir.

Peki ne beklenebilir? Avrupai değil, açıkça Avrupalı bir gazetecilik yapmak için de bu sektör, yeterli okur kitlesi ve giderek büyüyen bir reklam pastası içermektedir. Bu bir meydan okuma ve gereken koşulları yerleşik Türkçe basının karşılayabildiği söylenemez.

İki açıdan: Entelektüel donanım eksikliği, çağdaş bir habercilik ve işletmecilik mantığından uzaklık, mevcut sektörü sınırlarına getirmiş bulunuyor. Ama bu sektördeki yerleşiklikten rahatsız olarak ortaya çıkan ürünlerin de çağdaş gereksinimleri karşılayabilmesi çok zor.

Bir dönem, hem anlayış olarak, hem de ekonomik olarak tarihe karışıyor. Ama Avrupa'da Türkçe gazeteciliğin önünü kapatan değil, eskileri temizleyerek açan yeni koşulların yarattığı bir gerilim hattı içindeyiz.

Bu sektörün verimsiz olduğu boş iddiası, habercilik ve işletmecilikten nasibini alamamış, biraz da, başka bir iş tutturamadığı için medyaya girmiş hortumcuların başarısızlığından kaynaklanıyor. Yeni girişim ve girişimcileri bağlamayan bir kolaycılık bu.

Dolayısıyla yeni sürprizlere hazır olmak gerekir.

29 Haziran 2001

İktisat ve belkemiği

Birdenbire "Balkan kasabı" ilan edilen ve ülkesi bombalanarak en az 50 yıl geriye itilen bir Sırp politikacı, Slobodan Miloşeviç, apar topar Lahey Savaş Suçları Mahkemesi'ne teslim edildi. 3 milyar marklık bir "yardım" karşılığında...

Bu yardım, hibe değil, borçtur. Batı, kimseye çıkarıp karşılıksız para vermez. Kapitalizmde karşılıksız hiçbir şey verilmez. İyi.

Ama, neden?

Şöyle başlanabilir: Dünyanın değiştirilmesi gerektiğini ve değiştirilebileceğini söyleyenlere, bir genelleme yaparak "solcular" diyelim ve başlangıç tarihi olarak da 1848'i koyalım, son 150 yılda en çok yapılan suçlama, "toplumu açıklarken ekonomik altyapıyı belirleyici kerte ilan etmelerine" yönelikti.

Mevcut yapılara karşı çıkılmaması gerektiğini ileri süren tutucular, toplumsal süreci ve bireyi, ekonominin değil, diğer kertelerin, din, siyaset, ahlak, ulusal gurur gibi düzlemlerin belirlediğini savunuyorlardı ve bu, uzun süre, Batı aydınlanmasının meşru mirasçılarına, yani sosyalistlere yönelik bir hatırlatma oldu. Ekonomi, o kadar da önemli değildi. Diğer manevi değerler, önemliydi. Öyle deniyordu.

Bu hava son on yıllarda değişti. Özellikle sosyalist deneyimlerin tarihe karışıp, yerlerini kapitalizme bırakmalarıyla birlikte, tutucular ekonominin asıl değer olduğunu savunmaya başladılar. Her şeyi ekonominin belirlediğini ileri sürüyorlar ve bu konuda doğrusu "en ortodoks marksistleri" bile yaya bırakıyorlar.

Ekonomi gerektiriyorsa, ki gerektiriyor, o gereğin yerine getirilmesini istiyorlar.

Nasıl?

Artık herkesin bildiği rakamlarla ve şöyle: Yugoslavya'nın yeniden inşası başlığı altında, bu aslında pek de büyük sayılmayacak ülkeye, 2005 yılına kadar, daha sonra elbette faiziyle birlikte geri ödenmek üzere, 3 milyar dolarlık bir para akması gerekiyordu. Bu mali desteğin önkoşulu, Slobo'nun teslimiydi. Yapıldı.

Büyük parçalanmadan sonra geriye kalan Yugoslavya, artık Balkanlar'ın kaderini aynen yansıtan bir coğrafyanın adıdır: Federal Almanya'nın arka bahçesi. Dolayısıyla ABD'nin tam bir "bölge cahili" dış politikasıyla, buralarda aşırı hareketli olmasının, Berlin, Paris ve Roma'da sevinçle karşılandığı söylenemez. Der Spiegel ve Die Welt gibi, birbirinden görece farklı, ama Avrupa konvansiyonlarıyla tam uyum içindeki yayın organlarında bile, UÇK'nın Amerikan gizli servisince yetiştirildiği ileri sürülebiliyor.

Arka bahçe: Yugoslavya pazarında en önemli pay, yüzde 30 ile Alman ekonomisine ait. Ayrıca bölgedeki altyapı yatırımlarının Alman imalat sanayiinin damgasını taşıdığı ve taşıyacağı ise herkesin bildiği bir işbölümüne işaret ediyor. Zoran Cinciç Sırbistanı, ilerde de Almanya'ya satsa satsa tekstil ve gıda maddesi satabilecek.

Ekonominin gereği, yani finansman desteği için Miloşeviç'in Batı'ya teslim edilmesi gerektiği, genel kabul görmüş durumda. "Gerçekçiler" bu yolun doğru olduğunu savunuyorlar. Bu yola karşı çıkan geçmiş zaman tutucuları da, aynı gerekliliği kabul ediyor, fakat "para için şerefin satılamayacağı" uyarısında bulunuyorlar... Aralarında büyük bir fark yok. Aralarında, temel yönelimler açısından, hiçbir fark yok.

Solcular, ekonominin son kertede toplumsal gelişimi belirlediğini ileri sürerler ve diğer üstyapı kurumlarının bu temeli etkilediğine dikkat çekerlerdi. Ama asıl önemlisi, ekonomik temeli değiştirmek gerektiğini ileri sürerlerdi. Yani mevcut kapitalist üretim biçimine karşıydılar. Yeni çağın neoliberal aslanları ise, "ya bu deveyi güdersiniz, ya bu diyardan gidersiniz" diyorlar.

Cinciç demokratik bir üniversitede, çok demokratik bir düşünürün meşru mirasçısıdır: Frankfurt Üniversitesi'nden hocası Jürgen Habermas'ın... Para için kendi suçlusunu Batı'ya satmayı politika bellediği biliniyordu. Bunu kanıtlamış bulunuyor. Anlaşılan, demokratik Batı'dan, üniversitesinden ve pek demokratik hocasından öğrendi bu yolu. Neyse...

Peki, ama Batı, neden giderek gözden düşen bir Sırp politikacının tesliminde ısrarlı? Sadece suçluların telaşı ile zeytinyağı gibi su yüzüne çıkmak istediği için mi? Gerçi Yugoslavya'nın bombalanmasını kabul edemeyen çok Batılı var, ama bunların pek adı geçmiyor. Batı için bunlar da önemli değil.

Yanıt şu mu? Batı, bir ideoloji olarak, bugünkü dev ekonomik gücünün karşısında direnebilecek son unsur olarak "belkemiğine sahip çıkan insanı" görüyor. Açıkça: Kırmak istiyor.

Miloşeviç'in her türlü aşağılama pratiğini geride bırakacak bir seremoniyle Lahey'e paketlenmesi, bu her açıdan eleştirilebilecek politikacıdan çok, onun dayandığı kitlenin direnç katsayısını ölçme hırsından kaynaklanan bir operasyon.

Belkemiksiz insanın, o sorgulayan ve başkaldıran kimliğini yitireceğini, Batı, çok iyi biliyor. Slobo, "başka bölgelerdeki gerilim ve gelişmelere de model" bir tutsaktır artık.

Ekonomi, böyle bir rolle, diğer zor kullanma biçimlerini eskitmiş oluyor.

Ekonominin böyle önemsenmesi, daha doğrusu mitleştirilmesi, neoliberal yeni tanrıların, ölümlülere biçtiği yeni bedelin felsefi arka planıdır.

Habermas'ın öğrencisi Cinciç'e, bu açıdan bakılabilir.

Slobodan Miloşeviç'e de...

Yugoslav Sevr'ine de...

6 Temmuz 2001

İktisat ve Peygamberleri

Yeni çağın serbest piyasa peygamberlerinden Lester Carl Thurow, geçtiğimiz günlerde, "mali krizlerin kapitalizmin bir parçası olduğunu" yeniden vurguladı ve Avrupa ekonomisini fena zamanların beklediğini savundu. İyi.

İyi, ama Prof. Thurow'un, geçtiğimiz pazar "Welt am Sonntag" gazetesinde yayımlanan söyleşisinden hareketle yine de söylenmesi gereken şeyler var. Bunlardan biri, telekomünikasyon sektöründeki kargaşa. Yeni ekonomide bir türlü önü alınamayan çöküşün, Avrupa'da ABD'dekinden çok daha ağır bir biçimde gerçekleşeceğini söyleyen "star" iktisatçı, Türkiye üzerinde koparılan "Telekom" gürültüsü için bir ipucu vermiş de sayılabilir: Bu sektörde yeni pazarlar açılması gerek, yoksa dünya bilişim sektörünün devleri, içinde bulundukları ağır krizin diğer sektörlere de sıçratabilirler. Motorola ve Nokia da bunların arasında yer alıyor. Önce Amerikan şirketleri, şimdi de Avrupa sırada...

Prof. Thurow, Avrupa ekonomisinin ağır ve çok sevimsiz sürprizlerle karşı karşıya olduğunu söylüyor ve "enflasyon manyası"nın makul bir gerekçesi bulunmadığı görüşünü savunuyor. Faizlerin indirilmesi için geç bile kalındığına inanıyor.

Tamam da, ne oluyor?

Aslında bütün konuşulanlar, insansız bir ekonominin çalışan kitleler açısından taşıdığı anlamı bir kez daha vurgulamış oluyor: Serbest piyasanın "meşru" peygamberleri, kendi başlarına, aydınsız ve solsuz bir sahnede olduklarına inandıklarından, gerçek yüzlerini saklama gereği de duymuyorlar. Kim bilir, belki bu daha iyidir. Bakış açısına bağlı.

Thurow'un söylediği şu: Amerika'da işsizlere kamu yardımı yok. Bir eğilim olarak yok. Bu nedenle de işsizlik oranı yüzde 4'lerde... Avrupa'da ise yüzde 10'luk bir ortalama var. Yani...

Yani, aradaki bu fark, Thurow tipi uzmanlar açısından, işsizlik parasının bir sonucudur. Ama işin doğrusu, ortada, bir hayvana veya köleye bakışla çağdaş insana bakış arasındaki o acıtıcı fark duruyor. Aydınlanma düşüncesine sınırsız saldırının demokrasi adına yapıldığını düşününce, ki son dönem postmodern seferlerin başka bir amacı da yoktu zaten, iktisat teorisindeki yeni çağın anlamını kavramak mümkün oluyor. Thurow, bir eğilim olarak, "televole iktisatçıları"nın piridir. Her uzman kadar derindir ve bu, çok özel, daha doğrusu aydınca bir derinlik anlamına gelmiyor. Zaten böyle uzmanların üç ayda bir "Tüh yanlışmış, şimdi çıpadan dalgalı kura geçin, hadi" diye koşuşturmalarına bakılırsa, derinlikten kuşku duymak için yeterince haklı neden bulunabiliyor. Biz, işsizlikte kalalım: İktisat mesleğinin müstesna ismi Thurow'a göre, çalışmayana, para yok. Hak yok. Çalışamayan, hangi nedenle olursa olsun, toplumun kenarına itilmeyi de hak etmiş sayılıyor.

Teknolojinin bir bedeli var. Prof. Thurow, Amerika'daki Çok Ülkeli Şirketler'in (ÇÜŞ), en verimli oldukları dönemde bile işçi çıkardığını, böyle yapmasalar yeni teknolojiyi ithal edemeyeceklerini anımsatıyor.

İşsizlik, mali çöküşler vs... Bunlar, kapitalizmin yasaları. Kapitalizmin tamamlayıcı parçaları, çalışarak yoksullaşmakla işsiz kalıp açlığa talim etmek arasındaki kısa mesafe, modern çağın postmodern çözümüdür. Bunlar, yasa.

Bu yasalar, böyle insansız bir iktisadın, çalışan insanı hayvan düzeyine itmek anlamına geldiğini de gösteriyor. Manchester kapitalizmi farklı mıydı?

Ama sorun, bu değil.

Sorun, insanlığın, bu korkunç aşağılamaya karşı, 1789'daki "İhtilal-i Kebir"den bu yana ilk kez böylesine ağır bir çaresizlik ve aydınsızlık içinde kalmış olmasıdır. Yukarıdakiler için durum farklı. Mali çöküşün, banka sektöründe yöneticilere hiçbir şey yapamadığını, sadece çalışanların sokağa atıldığı en iyi Türkiye'ye bakılarak öğrenilebilir.

Ama en komiği, ABD'li bir tuzu kuru piyasa peygamberinin, "işsize para yok, o zaman işsizlik de yok" dediği zaman, işsize hiçbir şeyin ödenmediği ezici çoğunluğa ne oluyor? Güney ülkelerinde, Güney Amerika, Asya, Türkiye gibi ülkelere ait bilgiler açlık ve işsizliğin kol kola gezdiğini gösteriyor.

Avrupa durgunluğun eşiğinde, bir krize doğru giderken, insansız bir iktisat için çaba harcayan "uzmanların" elinde, her türlü maliyeti çalışanların sırtına yüklemenin yolunu arıyor.

Bulduğunu söylemek zorundayız. Bu insan malzemesi, ÇÜŞ uzmanlarının hiçbir hesabını geriye çevirecek güçte değil.

Bu, bir umutsuzluk mu?

Prof. Stanley Fischer'in, Prof. Thurow'un, Prof. Rudiger Dornbusch'un egemen olduğu, mali çöküşün yasa, işsizliğin ise kader ve gereklilik sayıldığı bir iktisat dünyasında, insani malzemenin çürümemiş olması başlı başına bir mucize sayılırdı zaten.

Fakat, aydın, çürümenin ve teslim olmuşluğun türevidir: Bir tepki. Bu iktisat anlayışına ve onun yarattığı insan malzemesine tepki. Karanlığa ve onun "star uzmanlarına" duyulan tepki...

Bu sefaletin tek panzehiri, umut.

3 Ağustos 2001

Uşak aranıyor!

Almanya, "Avrupa'nın en modern göç hukukuna geçme hazırlıklarını" tamamlamış gibi. Federal İçişleri Bakanı Otto Schily'nin kamuoyuna sunduğu yasa taslağı, böyle tanımlanıyor. Bu yeni yasal düzenleme, diğerleri bir yana, doğrudan nitelikli işgücü piyasasından hareketle gündeme girdi: Darboğaz vardı. Ama zaten eğer bir ülkenin başbakanı, "Çalışmayana ekmek yok, tembellik diye bir hak hiç yok!" mealinde bağırıyorsa, o ülkenin göç ve sığınma gibi konuları ülke ekonomisinin gerçekleri ve gerekliliklerinden hareketle gündeme alması da normaldir. Ekonominin gereksinimleri, daha doğrusu işverenlerin talebi neyse, ölçüt de o olacaktır.

Viviane Forrester'in çok satan kitabında anlattığı "ekonominin terörü", bir yanıyla budur: Yasadışılık, ekonominin gereklerinden doğuyor. Sırp lider Miloşeviç'in, son derece tartışmalı bir mahkeme önüne, her türlü tartışmanın ötesinde bir yasadışılıkla 1.2 milyar dolar için apar topar çıkarılması da, benzer bir tarzın damgasını taşıyordu.

Ekonominin gerekleri pek akla gelmeyen baskılara neden oluyor, yeni bir haksızlık rejimi yaratabiliyor. "Göç Yasası" tartışmalarının altında ağır bir aşağılama yattığını söylemek, tam da bu gerekliliklerden hareketle mümkün. Nasıl?

Şöyle: Alman ekonomisinin nitelikli işgücü açığını, mümkünse AB ve ABD'den, ama bu pek mümkün olmadığı için, "üçüncü" ülkelerden karşılamasını sağlamaya çalışan yeni yasanın, pek öyle demokratik özgürlüklerle falan ilgisi yok. Tamam. Ama bir dönemin solcu avukatı, sonraların yeşil politikacısı ve şimdilerin Hıristiyan demokratları hiç aratmayan SPD'li İçişleri Bakanı Schily, bu konuda hiç kimseyi aldatmış değildir: "Koşullarımız bunlar, işinize gelirse" politikasıdır izlediği ve Alman ekonomisi dışında bir başka büyük hesabı da bulunmuyor.

Zengin mutfağı, kendi iç işleyişine bakar. Schily, bu mutfağın politikacısı.

Önemli olan, reel ekonominin ve bir "meslek" olarak iktisadın, inanılmaz çarpıklıklara neden olma hırsı ve bu hırsı meşru gösterebilme gücüdür. Avrupa'nın motoru Almanya, ekonomisinin gereği, bir yasa hazırlıyor ve bu, bir uşaklık yasası oluyor.

Üçüncü ülke denilen ve aralarında elbette Türkiye'nin de bulunduğu bölgelerden, Alman ekonomisinin ihtiyaç duyduğu beyinler getirtilecek. Bunlar, "kendilerine daha iyi bir gelecek sağlamak için" metropollere kendi arzularıyla koşa koşa gelen genç ve parlak beyinler olacak.

Gelenler, beyinleri ve nitelikleri ne olursa olsun, modern çağın uşakları olacaklar. Kendilerine böyle bakılmayacak, böyle denilmeyecek, el üstünde tutulacaklar, kendilerini de zaten uşak gibi değil, efendi gibi görecekler...

Küreselleşme, "merkez"deki darboğazları böyle giderecek. "Çevre", talihine küsecek.

Kendi görece azgelişmiş ülkelerinde, şu ya da bu nedenle iyi bir eğitimden geçebilmiş olanlar arasındaki en parlak beyinler, Alman ekonomisinin nitelikli işgücü açığını, zorla değil, elbette "kendi istekleriyle" kapatacaklar. Bir coğrafyanın geleceği yağmalanacak. "Arka bahçe"den başlanarak herhalde... Polonya'dan İran'a kadar uzanan ve Rusya'yı da içeren bir coğrafyanın en yetkin kafaları, merkeze çekilebilecek. Hiçbir zor uygulanmadan... Bunlar, diyelim Almanya'da, yeniden biçimlendirilecek, içinden kopup geldikleri ülkenin halkı ve örneğin bir Almanya'nın yerleşikleri arasında da yeni sınıflaşmalar ortaya çıkacak. "Nurlu ufuklar" işte...

Kendilerine bir gelecek vaat eden metropollere, bu arada Almanya'ya yönelen yeni beyinler, davet ve dahil edildikleri demokrasiyi de yeni bir din olarak övecekler. Metropol ihtişamının, kendi köklerinin bulunduğu ülkelerin saklı ve açık zenginlikleri yağma edilerek, dizginsiz piyasa ekonomisinin sağladığı araçlarla yaratıldığını görmemeyi başaracaklar. Bu bencillik ve körlükle de, kendi memleketlerine, en fazla Kemal Derviş'in baktığı gibi, bakacaklar.

İyi niyetli olmaları hiçbir şeyi değiştirmeyecek.

Memleketleri krize girince buraya "kriz çözücü" olarak gönderilecekler ve buna, "demokrasi yardımı" denilecek. İyi.

İyi de, solun ve aydının öldüğü böyle bir dünya, semavi dinlerin cehennem tahayyüllerinden pek farklı değildir ve bunu soran çıkmayacak. Görece bağımsız ve kısmen aykırı iktisat politikalarından yana eğilim gösteren bazı Miloşeviçler, açıkça para karşılığı derdest edilip hukuki temeli tartışmalı, hatta olmayan, mahkemelerin önüne çıkarılacak.

Yeni ortaçağ, budur. Yazık... Yazık, çünkü bu çağda ve Almanya'da aranan "göç yasası" falan değil, yeni ortaçağa yaraşır nitelikli uşaklardır. "Hizmetli" de denebilir. Acı.

Ama geliyorlar işte ve sanki, insan hızla tükeniyor...

10 Ağustos 2001

Duvar ve gerçek

165 kilometrelik bir sınır çizgisi: Berlin Duvarı. Tam 10 bin 680 gün boyunca, dünyanın gündeminde kaldı ve 9 Kasım 1989'da da yıkıldı. Neden? Ortalıkta dolaşan gerekçelerin hiçbiri, demokrasi, özgürlük, ailelerin bölünmesi vs., gerçeği yansıtmıyor. Onlar var. Ama doğrusu bazı verilerden hareketle söylenecek başka şeyler de var:

Demokratik Alman Cumhuriyeti, DDR, uzun süre tanınmasa da, fiilen egemen bir ülkeydi, ama dünyanın başka bir ülkesinde olmayan, ağır bir sorunu vardı: Yanı başında yeniden uyanan bir ekonomik dev, Federal Almanya, tarihte eşine az rastlanır bir canlanma yaşıyor, Doğu Almanya'da yetişen işgücünü adeta yutuyordu. Bu da yetmiyor, İtalya başta olmak üzere, görece daha az gelişmiş Avrupa ülkelerinden ucuz işgücü ithal ediyordu.

1961 yılında, Demokratik Almanya'nın sosyalist ekonomisi bir çöküşle yüz yüzeydi.

1945 ile 1961 arasında 2.7 milyon kişi Batı'yı seçmişti. Başlarda fazla bir sorun yaratmayan, hatta doğunun nazilerden, fabrika ve büyük toprak sahiplerinden "temizlendiğini" düşünen Doğu Berlin'in de desteğini alan bu kanama, Doğu Almanya'yı uçurumun eşiğine getirmişti.

İktisat kitapları da yazıyor: İnsanlar Batı'da kazanıyor, Doğu'da temel ihtiyaçlarını karşılıyordu. Sadece bu katma değer kaybı bile, dayanılabilir ölçülerin çok üzerindeydi. Ama asıl darbe tırmanan işgücü göçünden geldi. 1957'de 261 binden fazla Doğu Alman, Batı'ya geçmişti. Savaşın yaraları sarılmış, çocuklar büyümüş ve 1960'ların ortalarında Federal Almanya'nın okul sistemindeki reform tartışmalarına İskandinav ülkeleriyle birlikte örnek olarak girebilecek etkinlikte parasız bir eğitim sistemine geçilmişti.

Sadece 1957-1961döneminde 1 milyona yakın insan Batı'ya kaçtı.

Trajedi buradan başladı. Sosyalist ekonomi, insanları tüm ihtiyaçlarını parasız karşılayarak yetiştiriyor, doktor, mühendis, uzman işçi vs yapıyor, bunlar da lise mezunları, üniversite öğrencileri ile birlikte Berlin üzerinden Batı'yı seçiyordu.

Batı için Marshall Yardımı'nı kat kat geride bırakan bir katma değer desteği, Doğu için eşine tarihte az rastlanır bir kayıp söz konusuydu. Doğu Almanya'nın planlı ekonomisi çatırdıyordu. İşgücünün böylesine serbest dolaşımına bir ekonomi 16 yıl dayanabilmişti. Yine de, tarihe karışırken, dünyanın en büyük 10 ekonomisi arasında yer alıyordu.

Dönemle ilgili diğer "mülahazalar" da doğrudur. Dünyada bir nükleer savaş tehlikesi vardı. Doğu Almanya'da da, Batı Almanya'da da yıkıcı gizli servis faaliyetleri etkindi. Doğu antifaşist bir koruyucu duvardan söz ediyor, Batı kendi halkını duvarların ardına hapseden bu ülkeyi tanımıyordu.

Berlin Duvarı, nitelikli işgücü kaybına son verdi. Bir kanamayı durdurdu.

Doğu Almanların sosyalist ekonomiyi pek sevdiği söylenemezdi, ama doğrusu duvar kurulduktan sonra da içerde fazla bir olay çıkarmadılar.

1949'da ilan edilen, uzun süre tanınmayan bir egemen devletin, DDR, sınırlarını ve ekonomisini güvence altına alma çabalarına layık görülen sıfatlar, bağımsız aklın değerlendirme yetisini zorlamaktadır. Bu histeri ortamında gelişmelerin çözümlemesini, aynı ortamın kavramlarıyla yapmak mümkün değildi. Hâlâ da değildir.

Berlin Duvarı'nın, diğer tüm gerekçelerin tersine, tamamen ekonomik bir temel nedeni vardı.

Benzer bir durum, ancak farklı ekonomik koşullarda Türkiye için de söz konusu olabilecek; buradan hareketle düşünelim: Son krizle birlikte kapı önüne konan 800 bine yakın yetişkin işgücü, işleri olmamasına rağmen, Almanya'ya geçmiş olsunlar. Bilgisayar mühendisleri, programcılar, endüstri mühendisleri, doktorlar, mimarlar, mühendisler, uzman işçiler, lise mezunları, üniversitelerin parlak öğrencileri vs... Bunların da en iyileri Alman ekonomisinin hizmetine girmiş olsun. Yetişmiş uzmanlarını kaptıran bir ülkenin, ekonomik yaşama şansı sıfırdır. Üretim negatif büyüme göstermiş bile olsa, işgücü deposunun varlığı, ekonominin yegane şansı olacaktır. Dayanmak mümkün değildir.

Bugün bunları anlamak zor. Ekonomilerdeki büyüme hızının yeterli işgücü bulamadığı bir dönemi, 40 yıl önceyi, bugün Doğu Almanya'nın yoğun işsizlik ortamında düşünmek, gerçekten hiç kolay değil. Duvarın en önemli kuruluş nedeni, ekonomikti. Yıkılış nedeni de ekonomik oldu.

Ama 40 yıl öncesinin bir başka mesajı daha var: Doğu kan kaybını önlemek için sınır koyuyordu, Batı bu sınırları tanımıyordu. Sınırların değiştirilmesi ve işlevsizleştirilmesi, küreselleşmenin "merkez yanlısı" çizgisinden kaynaklanıyordu ve bir dirençle karşılaşabilmişti. Bu, şimdi yok. Balkanlara bir göz atmak, açıklayıcı olabilir.

Duvarı, nazi canavarlığı başta olmak üzere somut gerekçelerini bir kenara bırakarak, "barbarlık", "canavarlık", "demokrasi düşmanlığı" vs sözcüklerle süslemek, dizginlerinden boşanmış bir sermaye için belki bir şeyleri gizlemenin yoludur, ama gerçek nedenlerin bunlarla bir ilgisi yok.

Duvar, bu küreselleşmeye erken bir tepkiydi.

Bugün böyle bir "sorun" yok. Peki, ne var?

17 Ağustos 2001

Müşteri velinimetimizdir!

İktisat, belirliyor. Toplumcu dünya görüşünün gelişmesi ve etkili olmasıyla birlikte, bu kolay saptama da yaygınlık kazanmıştı. Dışı bir yana, bizzat sol dünyanın içinden gelen tepkiler, 20'nci yüzyılın ikinci yarısında "Ekonomizme geçit yok!" başlığı altında toplanabilecek bir itiraz halini aldı. Bir "kabalaştırmaya" karşı çıkılıyordu. Karşı çıkanlar, zaman geçti, neoliberal havanın ve ilerleyen yaşlarının da etkisiyle piyasaya, hele hele de serbest piyasaya tapmaya başladılar. Sonra da dinozor solcuları "kabalıklarıyla baş başa bırakıp", bu kez "Evet, ekonomi her şeyi belirler!" demeye başladılar. Son 150 yılın özeti, böyle.

Bu, bir tür din değiştirme olarak kabul edilebilir. Herkesin böyle bir hakkı var... İsteyen değiştirir. Özel yaşam alanlarında kaldığı sürece pek etkili olmuyor. Ama toplumsal yaşamın düzenlenmesi ve devletle doğrudan bağlantılı kamusal alanlara geçildiğinde, böyle kolaycılıklara fazla prim vermek, acı sonuçlar yaratıyor.

Şöyle ya da böyle, sonunda, hedef kitle ile aradaki bağlar kopuveriyor. Eh, bu da, bir tercihtir.

Her din değiştiren, yeni bir kitle arayışı ile de karşı karşıya demektir. Dayandığı eski taban ve yöneleceği "müşteri kitlesi" değişmiş, yeni bir ortamla karşı karşıya kalmıştır. Bunun yansımaları, sonsuz... Özel yaşam pratiklerinden, toplumsal yaşam alanlarına düşen gölgeler var. Görünen o ki, bu acıları ve sonuçları, sadece Türkiye'nin "azgelişmiş" iktisat ve siyaset tartışmaları değil, "muasır Avrupa" ülkeleri de yaşıyor.

Zaten artık görece daha az gelişebilmiş olanların insan malzemesiyle, zenginlerin insan malzemesi, birbirinden çok farklı değildir. Dış görünüşten söz etmiyoruz. Ekonomik standartların dünya ölçeğinde bir yaygınlık kazanması, muhtemel komplikasyonlara karşı, ister istemez bir ön müdahaleyi de, aslında önlem demek daha doğru, beraberinde getiriyor.

Peki, gerçekten de öyle mi?

Doğrusu, şu son dönemde, bir partinin yaşadıklarına bakınca, böyle ekonomist bir yaklaşımın, tümüyle göz ardı edilemeyeceği iyice ortaya çıkıyor. Söz konusu olan, Almanya'daki iktidar ortağıdır: Birlik 90/ Yeşiller. Almanya'nın dış politika, çevre ve enerji başlıkları altındaki son yönelimleri, bu partinin bir biçimde damgasını taşıyor. Sonuçta...

Sonuçta, iktidar yürüyüşlerinde, tüm saflıklarını ve çıkış ilkelerini soyundular. Soyunmasalar, iktidar ortaklığı gibi bir şansları olmayacaktı. Böyle düşünüyorlardı. Bu adımlar ve gelinen nokta, en iyi Federal Almanya'da ve Yeşiller pratiği içinde gözlenebiliyor. Söyleyebilecekleri "yeşil" hiçbir şey kalmadı. Bunu biliyorlar. Ellerinde ciddi ve özgün bir iktisat politikası, doğrusu başından itibaren yoktu. Ama doğarken, zengin Batı'nın nazi canavarlığını kabullenemeyen vicdanlı çocuklarıydılar. Bu vicdan muhasebelerinden, bazı reformlar türetmeye çalışıyorlardı. Örneğin, çevre kirliliğine dikkat edilmesini, tüketicinin doğayla barıştırılmasını ve üreticiyi de ardından getirmesini, enerji politikalarında daha temkinli adımlar atılmasını istiyorlardı.

Şimdilerde "aslına rücu" diyebileceğimiz bir sürecin sonuçlarıyla baş başalar. Köklerine dönüyorlar. Köklerine, ama vicdanlarına değil: O yer yer belki saygı duyulması gereken toplumcu ilk duyarlılıklarını değil, zengin toplumun refah refleksini yeniden keşfediyorlar. Tabanlarını kaybettiler, sahipsiz kaldılar.

Daha atak bir Hür Demokrat Parti (FDP), Yeşiller'i gereksizleştirecek gibi görünüyor. Sosyal demokratların iktidar atağı da yeşil tezlerin sırtında yükseldi. Partiye egemen neoliberal çizgi, partinin üzerine bir ölü toprağı olarak geri dönüyor. Parti kadroları bir yana, herhalde orada önemli bir refah dağılımı gerçekleştirilmiştir, ama izlenen politikalardan rahatsız olan toplumsal sınıfların, asıl önemlisi genç ve atak insanların gündeminden düşüverdiler.

Daniel Cohn-Bendit'in gecikmiş bir acıyla gördüğü, "Joschka" Fischer'in ise önemsemediği sürecin geldiği noktayı, yeşil hareketin gerçek sırtlanıcılarından biri, Jutta Ditfurth bir süre önce yayınladığı "Yeşiller Böyleydi. Bir Umuda Veda" kitabında anlatmıştı.

Küreselleşme karşıtlarını yalnız bırakmakla kalmayıp karşısına alan ve egemen bir ülkenin bombalanmasına katılan bu partinin gereksizleşmesi, yaşanan sonuca yol açanları da rahatsız ediyorsa eğer, durum kötü demektir...

Müşteri kendisine çıkartılan hesabı ödemiyor. Velinimet, işi bozuyor. Kasada panik var: Herhalde o yüzden "Deniz neden bitti?" diye bağırarak soruyorlar.

24 Ağustos 2001

Arıyorlar, bulamıyorlar

1998'de 16 yıllık bir iktidar rehavetinden sonra muhalefete çekilen Hıristiyan Demokrat Birlik (CDU) ve Hıristiyan Sosyal Birlik (CSU), yani muhafazakar kanat veya daha doğru bir ifadeyle "açık sağcılar", şimdilerde muhalefet yıllarını nasıl kısaltabileceklerini düşünüyorlar. Bunun için kadro değişikliğine gitmek zorunda kaldılar. Güya temizlikler yapıldı, bunların pek bir şeyi temizlemediği yeni skandallarla ortaya çıktı.

CDU'nun yeni yöneticileri, SPD-Yeşiller iktidarına son verebilmek için bir şeyler yapmaları gerektiğine inanıyorlar. Yapamasalar da böyle bir inançları var. Fakat çabalarının temelinde sadece bu inanç değil, uluslararası arenadaki küreselleşme çarkının önde gelen bir motoru olarak bizzat Almanya'nın ekonomik gereksinimleri de yatıyor. Oysa son telaşlı hesaplar, küreselleşmenin içerdiği "çağdaş" boyutlardan çok, ona gösterilen ve gösterilecek tepkinin bir ürünü: Buna karşı önlemler almanın kendilerine iktidar yolunu açabileceğine inanan hıristiyan demokratlar, başlarında Doğu Almanya'dan yetişmiş bir "hanım", Angela Merkel, sosyal piyasa ekonomisini yeniden parlatmaya çalışıyor.

Merkel ve arkadaşları, parti içinde büyük bir yankı bulamasalar da, sosyal piyasa ekonomisinin yenilenmesi gerektiğini propaganda ediyorlar. Dertlerini anlatmakta pek başarılı oldukları söylenemez.

Merkel, "Yeni Sosyal Piyasa Ekonomisi" başlıklı rapordaki "Yeni" sözcüğünü küçük harf "y" ile yazmayı kabul etmek zorunda kaldı, ama bu durumda bile hem içerden ve hem de dışardan yeni tepkiler aldı. Oysa, aynı Merkel, bu geri adımı, yine parti içindeki neoliberal şövalyelerin saldırıları üzerine atmıştı.

Ortada yeni bir şey yok aslında. Alfred Müller-Armack'ın 1949'daki "Diagnose der Gegenwart" kitabında ilk kez formüle ettiği söylenen ve daha sonra da Ludwig Erhard'ın Alman ekonomik mucizesi olarak pratikte bol bol reklamını yaptığı bu "sistem", sosyal piyasa ekonomisi, ne sistemdi, ne de mucize. Anlaşılan buna inanıldı, sadece Batı dünyasında değil, Türkiye gibi ülkelerde de sosyal vurgusu nedeniyle bol bol övülen bir "yol" oldu. Aradan yıllar geçti, sistemler yıkıldı, Batı egemenliğini ilan etti ve bu kazanımın, sosyal piyasa ekonomisi, yeni bir yanı kalmadı. Anlaşılan gerek kalmamıştı.

Ama iktidara talip olmak, kitlelere yeni bir şeyler sunmak, yeni hedefler ve yenilenmiş bir bünye sunmak demektir. Bunun eksikliğini çeken Alman sağı, şimdi böyle "teorik" arayışlar içinde bulunuyor. Açıkçası, bu teorik arayışların, teori adına hak kazanabilecek kadar bir ciddiyet içerdiği çok kuşkuludur. Bu kadar arayabiliyorlar demek ki.

Ludwig Erhard, meşhur purosuyla tarihe geçmişti. Alman ekonomisinin çeşitli tarihsel şansların da yardımıyla çok hızlı büyüdüğü bir dönemde, ünlü bir iktisatçıdan ödünç aldığı bu kavramla, kapitalizm ile sosyalizm arasında gerçek bir ara yol bulunduğuna dikkat çekmek ihtiyacını duymuştu. Belki de sosyalizmin artan cazibesi ve Alman ekonomisindeki patlamalı büyümenin getirebileceği belirsizliklerden bu sayede uzak kalacağını düşünmüştü. Herhalde, öyledir. Sonuçta, başarılı olmadı da denemez.

Şimdi Angela Merkel, içerden gelen tepkilere rağmen, bu yolun bir de yenisi olduğunu anlatmaya çalışıyor. 1949'daki dünyanın koşullarına bugün rastlanamayacağını, bugünün koşullarında sosyal piyasa ekonomisinin yeniden tanımlanması gerekeceğini savunuyor. Kendisi dahil, pek kimseyi ikna edebildiği söylenemez. Bir çaresizlik, bu. Ama çaresizlik, aslında iktidar partileri SPD ve Yeşiller için de söz konusudur ve aslında küreselleşmenin geldiği, getirildiği nokta nedeniyle gündemdedir.

Küreselleşmenin yıprattığı, hırpaladığı, acımasızca bütün alışkanlıklarından koparttığı insanlar, halklar, zayıflıkları içinden çıkardıkları arayışlarla iktidardakileri ve muhalefet partilerini tedirgin ediyorlar. Güvendiği dağlara kar yağan her insan, bir tedirginlik kaynağı değil midir?

Dizginsiz sermaye egemenliği olarak "bu küreselleşme", halk yığınlarını sadece yoksul dünyada değil, zengin ülkelerde de tehdit ediyor. Muhtemel tepkilere şimdiden çareler aranıyor. Alman sağının bulduğunu düşündüğü yanıtlardan biri, sosyal yanı kısmen parlatılmış bir piyasa ekonomisinin, neoliberal "sorumluluk bilinci" eşliğinde "yeni"lenmesi oluyor. "Hür teşebbüsün" önündeki tüm engellerin kaldırılmasını yegane ekonomik refah yöntemi olarak görenlerin, halk yığınlarının gösterebileceği reflekslere hazırlanmak üzere böyle teorik müdahaleler araması, son derece manidardır.

Merkel, bir Alfred Müller-Armack veya bir Ludwig Erhard'ın "mecburen" sığındığı sosyal vurguları törpüleyerek bir şeyler bulmaya çalışıyor. İyi de, bunu, SPD ve Yeşiller zaten yapmadı mı? Alman muhalefetinin bir şey bulamadığı kesin. Peki, iktidar partileri neyin farkında?

31 Ağustos 2001

Küresel ayna

Küreselleşmenin, bize, beraberinde getirdiği bir "kolaylık" var ki, bu, galiba bir dönem çok kullanılmış klasik "emperyalizm" çözümlemelerini de eskitiyor: Aşağıdakilerle yukarıdakiler veya sanayileşmişlerle azgelişmişleri, Soğuk Savaş sürecinde çözülen klasik sömürgeler döneminden bu yana, birbirinden ayırmak kolaydı.

Askeri güç kullanımı, ezenlerle ezilenler arasındaki ilişkileri anlamayı çok kolaylaştırıyordu. Askeri güçle girilen ülkelere serbest piyasa ekonomisi de ihraç ediliyor, yani görece bir bakışla, askeriye maliyeyi önceliyordu. Eskiden. Soğuk Savaş'ın bitişiyle birlikte küreselleşme etiketi altında öne çıkarılan bu dönemde ilişkiler tersine döndü.

Zenginlerle yoksullar, eski tabirle Garp ile Şark, daha yenilerin vurgusuyla Kuzey ve Güney, halk yığınlarının yaşam standartları açısından hâlâ farklı, ama yukarı ve orta sınıflar birbirine benziyor. Milli gelirden en büyük payı alan en küçük toplumsal katmanlar açısından, yaşam standartları bir fark taşımıyor.

Sonuçları var. Bu çizgiden yürüdüğümüzde, Batı Avrupa ile Türkiye arasında da bir fark bulunmadığını ileri sürebiliyoruz. Azgelişmiş ülke pazarları artık önce askeri güç kullanılıp açılmıyor. Onun öncesinde, ekonomik, mali ve kültürel bir işgal var. Daha sonra askeri müdahale aşaması geliyor. O da eğer gerekirse tabii...

Balkanlar ve Yugoslavya faciası buna iyi bir örnek sayılabilir. Yukarı sınıflar ile aşağı sınıfların davranış biçimleri hızla birbirini andırıyor. Pop kültürün nedeni ve sonucu, bu. "Yukarıdaki" ve "aşağıdaki" benzerliklere iyi bir örnek, son yaşanan yolsuzluk ve rüşvet olaylarıdır. Arada bir fark yok. Avrupa'da ve Türkiye'de. Biz Türkiye'de kalalım: Toptancı bir bakışla "İkinci Cumhuriyetçiler" etiketi altında toplanabilecek olan bu her renkten sol düşmanlarına göre, arada büyük farklar var. Batı ile Doğu arasında. Öyle diyorlar.

Belki sol ile sağ arasında, son dönemdeki en önemli farklardan biri budur. Türkiye'nin çağdışı ve gereksiz bir proje haline geldiğini ileri süren "yeni" sağ, "dinozor" solculara karşı, Batı'nın ne kadar "mükemmel ve adil" olduğunu savunuyor.

Bir örnek, Türk basın tarihine "Liboş" olarak geçen Mehmet Barlas'ın, yeni sağın sözde "entel" haftalık dergilerinden birine, Gerçek Hayat, bir süre önce verdiği demeç: "Amerika'da vergi kaçırmak, borsa manipülasyonu yapmak imkansız. Şeffaf olmak şart. Ahlakın hukuka yansımış kuralları bunlar." Ciddi ciddi böyle şeyler tartışılıyor.

Öyle mi?

Ama bunları söyleyebilmek için, bir kere Batı'dan zerre kadar haberdar olmamak gerekir. Ayrıca, sorulabilir: Batı dünyasındaki gelişmeler ile Türkiye'deki gelişmeler arasında ne gibi büyük farklar var? Almanya, Fransa ve İtalya'da "iş âlemi" ile siyaset sınıfı arasındaki yolsuzluklara şöyle üstünkörü bir göz atmak bile bu ülkelerdeki durumu anlamak için yeterli. İsviçre'nin önde gelen haftalık yayın organı Die Weltwoche'de, önceki hafta bir bankerin, Fabien Chalendon'un saptamalarına yer verildi. Fransa'da çürümüş siyasi yapıyı değerlendiren bu uzman, İtalya ile bir karşılaştırma yapmış ve iki ülke arasında şöyle bir fark olduğunu söylemiş: "İtalya'da mafya ile devlet ayrı, Fransa'da ise bir ve aynı."

Örneklere bakınca, Mitterand'dan beri şimdiki Devlet Başkanı Chirac'ı da silkeleyen bu kir dalgası, ahlaklı bir hukuk devleti resmi veriyor değil herhalde. Eski Anayasa Mahkemesi Başkanı ve sonraların Dışişleri Bakanı Roland Dumas, hapse mahkum oldu. Fransız siyaset sınıfının yasalara aykırı mali olanakları, "devlet malı her yerde deniz" ya, anlata anlata bitirilemiyor. İtalya'daki mafya marifetleri ise biliniyor. Mahkum edilen ve kaçak ölen ülkenin en üst düzey siyaset adamlarının yaşamları, kütüphaneler doldurabilir.

Son dönemde Almanya'da yaşanan yolsuzluklar ise sadece Leuna skandalı ile sınırlı değil. Bir dönem Türkiye uzmanlığı yapmış Walther Leisler Kiep ve silah taciri Karlheinz Schreiber çevresindeki kirin kaynağı da, Almanya'nın eski başbakanı Helmut Kohl'ün ilişkileri gibi, bir türlü bulunamıyor. Biliniyor ve bulunamıyor.

Bunlar, tekil olaylar değil. Bunlar, bir sistem.

Üzerlerine kitaplar yazılan ve nedense bir türlü kaynağına ulaşılamayan yoğun yolsuzluk fırtınaları, yaşlı kıtada sanıldığından çok daha etkili. Türkiye'de yaşananlar, Batı'dakilerin bir sonucu. Batı'da yaşananlar da Türkiye ve benzeri ülkelerdeki, yani insanlığın ezici çoğunluğunun bir sonucu. Bir ayna bu. Küresel ayna. Batı, bu aynaya bakıyor ve gördüğü, "bizimkiler", aslında sisler, dumanlar içinde ve çok kirli bir ortamda yine kendisidir. Belki aynanın sırı döküldüğü için görüntü çok kirli. Sefalet. Ama aynada yansıyan, Batı'nın kendi yüzüdür. Küreselleşme, başka bir şey değil ki.

Sahnenin karanlık köşesinde bekleşen bazı "liboşlar" ne derse desin.

7 Eylül 2001

Direnç yokluğu ve kaos

Dünya Ticaret Merkezi'nin yıkılması ve binlerce insanın yaşamını yitirmesiyle sonuçlanan korkunç olayların hemen öncesine bakalım. İki piyasaya. İstihdam piyasasıyla mali piyasalara. Avrupa ekonomisinin motoru Almanya'da kalabiliriz: İşsizlik, Başbakan Schröder'in vaatlerini "hiçleyecek" boyutlarda büyümesini sürdürüyor. Ağustos ayında 3 milyon 789 bin çalışabilir durumdaki insan, Alman çalışma dairelerinin kayıtlarına işsiz olarak geçti. Bu eğilimin süreceği kesin.

Alman ekonomisindeki gerileme eğiliminin, işsizlik rakamları üzerindeki etkisinin nasıl olacağı malum. Durgunluk yönünde seyreden bir ekonomiden de zaten işsizlik sorununa çözüm çıkmaz. İyi. Ama bu, çok önemli değil.

Önemli olan, Almanya'da, aileleriyle birlikte düşünüldüğünde, işsizliğin etkisi altında acı çeken 8-10 milyonluk bir topluluğun, sorun karşısında herhangi bir tepki göstermeme yolunu seçmesidir. Konjonktürel gerilemenin işsizlik rakamlarına müdahale şansı tanımaması bir yana, işsizlerin herhangi bir tepkiyi ifade etmekten kaçınması, başlı başına bir gösterge sayılabilir.

Batı Avrupa'nın toplumsal kaderi demek de mümkün. Fransa'da 1970'lerin başında dönemin devlet başkanı, Georges Pompidou, işsiz sayısının 1 milyon sınırını aşması durumunda ihtilal çıkacağını söylerdi. Son rakamlar, bunun hiç de öyle olmadığını üstelik çeyrek yüzyıldır kanıtlıyor. Kimsenin umurunda değil. Olabilir. Ama neden?

Bu, sadece emeğini kiralayarak yaşayabilen insanlara özgü bir davranış mı? Herhalde değil.

Başka bir piyasadan örnekle devam edilebilir: Mali piyasalar. ABD'deki saldırılar başlamadan önce, dünya ajansları, fazla büyütmeden ama usturuplu başlıklarla borsaların azar azar çöktüğünü ilan ediyordu. Özgün bir panik politikası, bu.

New York, Tokyo, Paris, Londra ve Frankfurt borsalarında yatırımcılar, ellerindeki kağıtları satmak için adeta birbirleriyle yarış ediyorlar. Hisse senedi piyasalarındaki kriz, ayan beyan ortada. Ağırlaşıyor.

Asya borsaları sonrasında Avrupa borsalarında da satış eğilimi egemen. ABD'de önü alınamayan işsizlik rakamları, dünyanın en büyük ekonomisinin içinde bulunduğu sıkıntılı durumun bir ifadesi olarak kabul edilebilir. Dünya borsalarında taksit taksit bir çöküş yaşanıyor, ama bu konuda kimsenin sesi çıkmıyor. Çıkan sesleri de kimse dikkate almıyor. Çok taraflı bir sağırlık, bu.

İşsizlik rakamları yükseliyor, işsizler ses çıkarmıyor.

Hisse senedi piyasaları çöküyor, hisse senedi sahiplerinin sesi çıkmıyor.

O halde "hiçbir şey" olmuyor ve bu, başlı başına "birçok şey" olması demektir.

Küreselleşmenin kör iktisatçılarıyla, ki bunlara Türkçe'de "televole şaklabanları" da deniyor, bu tür gelişmelerin "özneleri" (mağdurlar) bir konuda birleşiyor: Tepkiye gerek yok. Dünya ekonomisinin içinde bulunduğu daralma sürecinde, daralmanın muhatapları, sessiz sedasız kaderlerini yaşıyorlar. Bırakın eski Yugoslavya'yı, Arjantin ve Türkiye'ye bir göz atmak bile yeter.

Bu çaresizlik, küreselleşmenin "televoleci" iktisatçılarına göre sevinilecek bir şeydir.

Ama herkes için öyle midir?

Bu, tersine, mevcut iktisadi sistemi çok ciddi bir tehlikeyle karşı karşıya bırakmak demek olamaz mı?

Sistem, dirençleri köreltilmiş, bağışıklığı sıfırlanmış gibidir. Orta büyüklükte ve başka koşullarda engellenebilecek bir krizin sonuçları artık yerle bir edici, hatta "bitirici" olabiliyor. "Ren kapitalizmi"nin, sosyalizm alternatifi nedeniyle geliştirdiği, daha doğrusu geliştirmek zorunda kaldığı yeteneklerin geri planında, bu direnç arayışı yatıyordu. Son dönem küreselleşme çılgınlığı, 1989 ile birlikte, bu direncin yitirilmesi için yaşandı ve sonuç alınmış görünüyor.

Sistemin içerdiği pürüzlere zamanında dikkat çekmeyen ekonomik faktörler, büyük çöküşü bir anda yaşayabilirler. Çünkü belirtilere karşı tüm "hassasiyetlerini" yitirmiş görünüyorlar. "Bu küreselleşme", her türlü çılgınlığa, haksızlığa ve cinayete çıkartılmış açık bir davetiyedir.

"Kaotik acılar dönemi" başka nasıl açılmış olabilir?

14 Eylül 2001

Komünist Parti Manifestosu
Karl Marx / Friedrich Engels

1847'nin sonu, 1848'in başında yazılan bir broşürün bu denli büyük bir etki yaratmasının nedeni nedir? Onca eleştiriye, onca çürütme girişimine karşın Komünist Parti Manifestosu, nasıl oluyor da değerinden bir şey yitirmemiş, birçok düşünür tarafından yeniden ve yeniden keşfe çağrılan bir metin olma özelliğini korumuştur?

Daha önce sayısız Türkçe baskısı yapılan Manifesto Erkin Özalp tarafından ilk kez Almanca aslından çevrildi.

"Avrupa'da bir hayalet dolaşıyor – komünizm hayaleti" cümlesiyle başlayan Komünist Parti Manifestosu dört bölümden oluşuyor. Yazılama Yayınevi, bu dört bölüme ek olarak, Marx ve Engels'in değişik baskılar için kaleme aldıkları yedi önsöze, kitabı Türkçe'ye çeviren Erkin Özalp'in Manifesto'ya Dair başlıklı makalesine ve söz konusu çevirinin beşinci baskısı için yazmış olduğu sunuş yazısına yer verdi.

Marx'ın düşüncesinin kritik uğraklarından bir tanesini merak edenler, daha önce defalarca okudukları bir metni özenli bir çeviriyle yeniden değerlendirmek isteyenler ve arşivciler için...

Türkiye'nin Yüzyılına Romanın Tanıklığı
Tevfik Çavdar

Tevfik Çavdar'ın Türkiye üzerine çok sayıda kitabı yayınlandı. Değişik gazete ve dergilerdeki makalelerini de buna eklediğimizde ülkemizin en üretken aydınlarından birisi olduğunu rahatlıkla söyleyebiliriz. Çavdar'ın bir diğer özelliği, iyi bir roman okuru olmasıdır.

Çavdar her iki özelliğini de yansıtan bir kitapla çıkıyor okur karşısına. Kesintili ve birçok açıdan sorunlu tarih yazıcılığının bıraktığı boşlukları romanın tanıklığına başvurarak kapatmayı deneyen Tevfik Çavdar, bir yandan da edebiyat dünyamıza ilişkin cesur değerlendirmelerde bulunmakta ve bazı yazarların üzerini bir kalemde çizerken, kimilerinden büyük bir övgüyle söz etmektedir.

"Batılılaşma çabaları ve roman" bölümüyle açılan tanıklık, "yüzyılın perdesi kapanırken"le sonlanmakta. Toplam onsekiz bölüme dağılmış olan bu asırlık öyküyü bir solukta okuyacak ve sonra tanıklığına başvurulan romanlardan eksik bıraktıklarınızın kapağını açacaksınız.

Polisiye tutkunları için de bir küçük not... Çavdar'ın kitabında "Türkiye polisiye romanla tanışıyor" başlıklı bir bölüm de var.

SSCB Çözülüşe Girerken
Anayasa, Program, Tüzük
Belgeler

Sovyetler Birliği 1991 yılında dağıldı. 1980'lerin ortasında başlayan ve glasnost (açıklık) ile perestroyka (yeniden yapılanma) olarak adlandırılan sürecin sonunda 1917 Ekim Devrimi'nden bu yana hüküm süren "sosyalist iktidar" da yıkıldı.

Bu iktidar neye benziyordu? Nasıl bir anayasal düzen söz konusuydu? Ülkenin tek siyasal partisi Sovyetler Birliği Komünist Partisi'nin programında hangi hedefler vardı? Bu parti nasıl bir iç işleyişe sahipti?

Türkiye'de anayasa tartışmalarının bir kez daha alevlendiği bir sırada bambaşka bir ülke ve siyasal sistemde anayasanın hangi mantıkla hazırlandığını görmekte yarar var. İnsanın insanı sömürmesinin yasaklandığı Sovyetler Birliği anayasası, yasama ve yürütme erkinin birliğine dayalı yapısıyla diğer ülkelerin anayasalarından köklü bir biçimde ayrılıyor.

YAZILAMA

STALİN ve HRUŞÇOV HAKKINDA
Benediktov ile Söyleşi
V. Litov

Aleksandr Benediktov genç yaşta Stalin tarafından Sovyetler Birliği Tarım Bakanlığı'na getirilmiş biri. Daha sonra Köy İşleri Bakanı olarak da sorumluluk üstlenen Benediktov, Hruşçov döneminde bir süre daha bakanlık yaptıktan sonra Hindistan ve ardından Yugoslavya'da elçilik görevine atandı. Stalin'in 1953 yılında ölümünden kısa süre sonra partide ipleri eline alan ve liderliği üstlenen Nikita Hruşçov parti ve devletin üst düzeyindeki "Stalinciler" bir bir saf dışı ederken, kendisine bazı konularda itiraz etmeye başlayan Benediktov'u unutmamıştı.

Benediktov daha sonra emekli oldu, ancak önemli bir dönemin birinci elden tanıklığını yapmış olması, onu araştırmacılar açısından ilginç birisi yapmıştı. Bunlardan Litov, son derece saldırgan bir üslup sayesinde Benediktov'un suskunluğunu bozmayı başardı, Stalin'in Tarım Bakanı'nı önemli konularda konuşturmayı başardı.

Söyleşi yapıldıktan yıllar sonra, 1989'da ilk kez yayınlandı. Rusça aslından Candan Badem tarafından çevrildi, okunmayı hak eden bir kitap olarak Kuruluştan Çözülüşe dizisinde yerini aldı.

YAZILAMA

Küba Tarihi
José Cantón Navarro

Küba yalnız Türkiye'de değil, bütün dünyada büyük ilgi çeken bir ülke. Ancak bu ada ülkesine ilişkin bilgimizi yokladığımızda, Fidel Castro, Ernes-to Guevara (Che) ve arkadaşlarının destansı mücadeleleri dı-şında oldukça büyük boşluklar olduğunu görürüz. Moncada Kışlası'na saldırı, Granma yatıyla gerçekleştirilen tarihi çı-karma, devrimin zaferi ve sonrasında ABD'ye karşı verilen mücadele... Sağlık, eğitim alanında elde edilen büyük kazanımlar...

Ancak Küba tarihi bunlardan ibaret değil. Küba Komünist Partisi'nin Parti Okulu'nda da hocalık yapan Navarro'nun kitabını okuduğunuzda Kübalıların neredeyse hiç ara vermeksizin hep zalimlere, sömürücülere, işgalcilere karşı mücadele içinde olduğunu görüyorsunuz. İspanyolların 15. yüzyılda Ame-rika'nın keşfiyle birlikte yerleşerek sahiplendiği Küba'nın yerlilerinin aynı işgalciler tarafından nasıl yok edildiğinin, İspanyol sömürgeciler içerisinde kimilerinin nasıl İspanya'ya kafa tutarak Kübalılaştığının, Afrika'dan getirilen kölelerin zaman içinde nasıl özgürleştiğinin, ABD'nin bağımsızlık için yürütülen mücadeleden yararlanarak adayı nasıl kendi kontrolü altına aldığının öyküsü, diğerler tarihsel olaylarla birlikte, Küba Komünist Partisi'nin Parti Okulu'nda da hocalık yapan Navarro'nun kitabında yer alıyor.

Son sayfayı çevirdiğinizde Kübalıların ABD emperyalizmine şimdiye kadar nasıl direndiğinin de yanıtını bulmuş oluyorsunuz. Örgütlü bir halkı hiçbir gücün yenemeyeceği, yalnızca bir slogan değilmiş...

YAZILAMA